KNAUR

Nicole Staudinger

LEICHT GESAGT!

Wie wir richtig rüberbringen,
was nicht falsch ankommen soll

Besuchen Sie uns im Internet:
www.knaur.de

Aus Verantwortung für die Umwelt hat sich die Verlagsgruppe Droemer Knaur zu einer nachhaltigen Buchproduktion verpflichtet. Der bewusste Umgang mit unseren Ressourcen, der Schutz unseres Klimas und der Natur gehören zu unseren obersten Unternehmenszielen. Gemeinsam mit unseren Partnern und Lieferanten setzen wir uns für eine klimaneutrale Buchproduktion ein, die den Erwerb von Klimazertifikaten zur Kompensation des CO_2-Ausstoßes einschließt. Weitere Informationen finden Sie unter: www.klimaneutralerverlag.de

Originalausgabe Februar 2022
Knaur Verlag
Ein Imprint der Verlagsgruppe Droemer Knaur GmbH & Co. KG, München
Alle Rechte vorbehalten. Das Werk darf – auch teilweise – nur mit Genehmigung des Verlags wiedergegeben werden.
Redaktion: Nina Schnackenbeck
Covergestaltung: Isabella Materne
Coverabbildung: Marcus Höhn
Satz: Adobe InDesign im Verlag
Druck und Bindung: CPI books GmbH, Leck
ISBN 978-3-426-79094-6

*Für alle, die fest daran glauben,
dass wir die Welt mit Worten
ein Stück besser machen können.*

Inhalt

Einleitung 11
Wo die Schlagfertigkeit aufhört … 11
Warum ich? 15

Hausverbot 17
Ist es denn wirklich so wichtig? 21
Was Sie von diesem Buch erwarten können und was nicht 24

Heilende Worte 25

Teil 1:
Die Grundierung 29

Basis No. 1: Vertrauen 31
Basis No. 2: Die richtige Atmosphäre 40
Basis No. 3: Der richtige Tonfall 46
Basis No. 4: Runter vom hohen Ross 47
Basis No. 5: Unser Menschenbild 56
Der Zebrastreifen 61
Basis No. 6: Zuhören 64
Basis No. 7: Ziele setzen – Was will ich wirklich? 65
Fazit Teil 1: Die Grundierung in der Übersicht 69

Teil 2:
Die Techniken 71

Technik No. 1: Mitnehmen 73
Technik No. 2: Nichts überstülpen 82

Führen für jedefrau 85
Technik No. 3: Feed*forward* statt Feed*back* 91
Technik No. 4: Wenn es um die Wurst geht: Ziel über Gefühl 94
Technik No. 5: Zuhören 100
Technik No. 6: Applaus! 105
Find ich blöd! 112
Technik No. 7: »Alles geschieht zu meinem Besten«-Brille auf! 117
Technik No. 8: »Es tut mir leid« 119
Technik No. 9: Respekt 124

Teil 3:
Richtig unbequeme Dinge ansprechen – ein Leitfaden 127

Geheimtipp 1: Genießen Sie es! 144
Geheimtipp 2: Besser nicht 146
Blablablabla? – UNBEDINGT! 148
Klare Signale 151
Kleine Techniken 156
SOS-Strategie: Panik vermeiden 162
Die Kraft der Symbolik 167
Fazit Teil 2 und 3: Die Techniken in der Übersicht 169

Teil 4:
Aus der Praxis und einige wichtige Abschweifungen (ich kann einfach nicht anders!) 171

Wunderwaffen 173
Kommunikation mit Jugendlichen 177
Vom Notwendigen und dem kommunikativen Weg dorthin .. 178
Ätschi ist teuer 181
Einladung zum Traurigsein 185
Akuthilfe für »Die schlimmste Woche meines Lebens« 195

Epilog 199
Wenn Sie die Welt ein Stück besser machen wollen 199
Und natürlich … 201

Anhang 203
Mögliche Lösungen für unsere Übungen
»Ziel über Gefühl« 203
Auf einen Blick 207

Einleitung

Wo die Schlagfertigkeit aufhört ...

... fängt die gute Kommunikation an.
Nicht dass Schlagfertigkeit kein Bestandteil von guter Kommunikation wäre; aber wir sind uns doch einig, dass Sie mit der Zwei-Silben-Antwort »Potzblitz« vielleicht die Lacher auf Ihrer Seite haben, aber keinen Pulitzerpreis gewinnen.
Schlagfertigkeit ist unerlässlich, wenn es um Ihre Souveränität geht. Wenn Sie sich ad hoc aus einer schwierigen Situation retten, für sich einstehen müssen, dann ist es ungemein wichtig, die passende Antwort am Start zu haben. Und zwar in drei Sekunden.
Aber wir müssen doch situativ entscheiden: Richtet sich Ihre Antwort an den unfreundlichen älteren Herrn, der Ihnen auf dem Supermarktparkplatz ein »Fräulein, das mit dem Einparken üben wir noch mal, oder?« entgegenwirft, oder ist es die doch eigentlich gute Freundin, die uns mal wieder mit einem rausgehauenen Satz à la »Du sahst aber auch schon mal besser aus« das Lächeln aus dem Gesicht zaubert, ohne nachzuhaken, ob es wirklich etwas gibt, was uns auf der Seele liegt? Oder geht es gar um einen jahrelangen Konflikt in der Familie, den Sie sich endlich trauen an- und auszusprechen? Den Zeitpunkt, an dem Sie mit Ihrem Gegenüber dazu zusammenkommen, können Sie nämlich planen.
Dem älteren Herrn können Sie beruhigt »Bei Gelegenheit, Männlein!« antworten, sich umdrehen, gehen und die Situation vergessen.

Aber was machen Sie mit der Freundin, die ja Teil Ihres Lebens ist? Natürlich können Sie (mal wieder) mit Humor antworten: »Ach, jetzt geht's schon wieder. Du hättest mich mal heute Morgen sehen müssen!« Trotzdem bleibt vielleicht eine Art Bauchgrummeln zurück. Ein Fragezeichen, das die Beziehung belasten kann. Denn so ganz einordnen können Sie den Kommentar nicht.

Und was machen Sie mit dem Familienmitglied, dessen Eintreffen Ihnen die Feiertage vermiest, weil Unausgesprochenes seit Jahren unter der Oberfläche gärt?

Das Ansprechen eines Konfliktes ist nie leicht. Und an dieser Stelle sollte uns klar sein: Schlagfertigkeit rettet die Situation, aber löst nicht den Konflikt!

Und Konflikte lösen, das ist so ein Ding, bei dem die wenigsten »Hurraaa« schreien.

Mir hat noch niiiiiie eine Freundin oder Seminarteilnehmerin berichtet: »Hach, was freu ich mich über das klärende Gespräch heute mit Onkel Herbert! Der hat sich letztens wieder frauenfeindlich geäußert, und nun haben wir uns endlich zum Kaffee verabredet, damit wir das ein für alle Mal aus der Welt schaffen.«

Habe ich noch nie gehört. Sehr wohl habe ich mich aber selbst schon dabei erwischt, wie ich bei einem unangenehmen Gespräch am Telefon kurz davor war, zu rufen: »Hallooooo?!? Ich fahre durch einen Tuuuuunnnel.« Und den dringenden Wunsch verspürte, einfach aufzulegen. So als Kurzschlussreaktion.

Zurück zu den Konflikten.
Sie gibt es (leider überall).
Unter Freunden.
Kolleginnen.
In der Familie.

Die ausgesprochenen gehen ja noch.
Die unausgesprochenen sind meist schlimmer.
Sie klauen uns aber wertvolle Lebenszeit, drücken uns in der Stimmung oder belasten doch eigentlich schöne Feste wie Weihnachten oder den Betriebsausflug.

Warum haben wir Angst davor, sie anzusprechen?
Vielleicht, weil uns das »Wie« fehlt!?
Wissen wir, wie man schwierige Gespräche führt?
Wird uns das während Schule, Ausbildung oder Studium beigebracht?
Also, wenn ja, dann habe ich das verpasst.
Nicht nur, dass es nicht Bestandteil der Schulbildung ist, es fehlt, wenn Sie mich fragen, auch an guten Vorbildern.

Während des Schreibprozesses überlegte ich, ob ich meinen Jungs immer ein so gutes Vorbild bin.
Vielleicht manchmal.
Fast sicher bin ich aber, dass ich sie bis heute noch nicht zu mir gerufen und gesagt habe: »So Jungs, heute reden wir mal darüber, wie man Konflikte löst.« Das passiert doch meist im *Tun*.
Das Problem von »im Tun« ist, dass die Emotionen dann schon ordentlich mitmischen können.

Aber kann man sich womöglich auf schwierige Gespräche vorbereiten?
Oder grundsätzlich »gute Kommunikation« lernen?
Warum ist das überhaupt so wichtig?

Und damit kommen wir zur Frage: Wie gehen wir dazu vor?
Wir beginnen im **ersten Teil** des Buches mit der **Grundierung.**
Leserinnen der *Schlagfertigkeitsqueen* werden sich vielleicht

noch an diesen Begriff erinnern. Stimmt, er lässt einen möglicherweise eher an ein YouTube-Schminktutorial (nichts gegen YouTube-Schminktutorials, die haben mich in der Coronakrise gerettet!) als an ein professionelles Kommunikationsbuch denken. Dennoch wähle ich diesen Begriff, weil Sie hier eben die *Grund*lagen finden, die es für *jede* gute Kommunikation braucht. Ob Sie mit Ihrer Kollegin über den immer wiederkehrenden Konflikt im Büro sprechen wollen, oder mit der Schwiegermutter über einen unausgesprochenen Zwist, mit Ihrer Chefin das dringend fällige Gespräch darüber führen wollen, was Sie so dringend erwarten, oder mit Ihrem Sohn, der mit großen Schritten in der Pubertät stolziert – für alle diese Gespräche gilt aus meiner Sicht als Trainerin, Speakerin, Freundin und Mama, mehr oder weniger, dieselbe Grundierung, weil sie sich nicht wirklich voneinander unterscheiden.
Um in der Schminktutorial-Sprache zu bleiben: Make-up brauchen Sie immer, aber wie stark es sein soll, eher schlicht, eher glitzernd, das bestimmen Sie.
Je nach Situation.
Nach der Grundierung sehen wir uns im **zweiten Teil** des Buches verschiedene **Beispiele** an, die exakt so passiert sind. Und wie wir sie mit guter Kommunikation bewältigt haben oder vielleicht besser hätten bewältigen können. Wir entwickeln aus diesen Situationen heraus **Techniken,** um gute Kommunikation herbeizuführen. Und sogar einen **Leitfaden,** mit dessen Hilfe Sie, liebe Damen, auch die ganz, ganz schlimmen Konflikte ansprechen und hoffentlich lösen werden können.
Ziel des Buches ist es, dass Sie in Zukunft **keine Angst mehr vor scheinbar schwierigen Gesprächen** haben. Dass Sie unbelastet durchs Leben laufen und nicht die getrübte Wahrnehmung von gestern in ein schönes Heute mitnehmen.
Jede von Ihnen hat bestimmt schon mal erlebt, dass Sie etwas

Unangenehmes aus der Welt geschafft hat und sich danach so viel besser fühlte. Und dieses »Was bin ich froh, dass wir das geklärt haben!«-Gefühl, das möchte ich bei Ihnen mit diesem Buch erreichen.

Mit ein bisschen Vorbereitung und im richtigen Ton können Sie alles sagen.

Ich verrate es Ihnen schon jetzt: Sie haben es in der Hand!

Warum ich?

Warum glaube ich, ein Buch über Kommunikation schreiben zu können?

In erster Linie, weil Schreiben mein Beruf ist. Also einer von vielen.

Wenn ich nicht schreibe, dann übe ich einen selbst erfundenen Beruf aus, nämlich: Schlagfertigkeitstrainerin. Das ist wiederum der Tatsache geschuldet, dass ich sonst nichts kann. Also trainiere ich seit acht Jahren Frauen darin, schlagfertiger zu werden. Mein Ansatz ist wahrscheinlich anders, als Sie sich das jetzt vorstellen, denn es ist ein sanfter. Meine Definition »Schlagfertigkeit ist, wem ich es zugestehe, mir wertvolle Lebenszeit durch Ärger zu klauen« entstand während meiner Krebstherapie.

Da ich in den letzten Jahren nun weit über eine halbe Million Frauen trainiert habe, von Schülerinnen und Studentinnen über Politikerinnen und Soldatinnen bis hin zu Astronautinnen, ich ganze Behörden, Weltkonzerne und etliche kleinere Firmen als Trainerin und Coach betreue, bin ich nach wie vor davon überzeugt, dass Schlagfertigkeit essenziell wichtig ist – aber manchmal nicht ausreicht.

Wenn ich nicht schreibe oder trainiere, stehe ich ab und an vor der Kamera für das ein oder andere TV-Format.

Und bevor ich all dies tue, darf ich Mama von den zwei besten Jungs der Welt sein.

Ich hoffe also, genügend Kompetenz mitzubringen, um Ihnen, liebe Leserinnen, noch ein bisschen was Neues zum Thema »Kommunikation« mit auf den Weg zu geben.

Viel Spaß beim Ausprobieren,
Ihre Nicole

Hausverbot

Bevor wir starten, meine Damen, noch schnell eine Anekdote, die eigentlich die Überschrift: »Wie es nicht geht!« verdient.
Wir schreiben das Jahr 2020, und die Welt erkrankte frisch am Coronavirus.
Ich für meinen Teil wurde Mitte März von meiner Tournee nach Hause beordert. Die täglich eintreffenden Stornomails ließen schon latent darauf schließen, dass diese Krise eine tiefe, existenzielle sein würde.
Insbesondere für die Künstlerinnen.
Alleinerziehenden Künstlerinnen.
Vorerkrankten, alleinerziehenden Künstlerinnen.
Genau in dieser Zeit, also mitten im Lockdown, während des Homeschoolings, meiner Scheidung und dem Absagen-Entgegennehmen, stoße ich auf meinen Lieblingspostboten.
»Wenn da was vom Finanzamt dabei ist, können Sie es direkt wieder mitnehmen«, lächle ich ihn ein bisschen gequält an, während er mir entschuldigend lächelnd ein paar Umschläge in die Hand drücken will mit den Worten: »Oh, dann gehe ich besser.«
»Nicht Ihr Ernst? Da ist nicht wirklich was vom Finanzamt dabei!«
»Leider doch.«
Es ist genau die Jahreszeit, in der Selbstständige und Freiberuflerinnen ihren Bescheid bekommen. Aber da ich die letzten TV-Abende von Herrn Altmaier ständig gehört hatte: »Wir ziehen alle an einem Strang und lassen niemanden allein ... die Finanzämter kommen allen Betroffenen mit Stundungen entgegen ...«,

hatte ich naiverweise wirklich angenommen, dass die Bescheide ein paar Wochen hinausgezögert werden würden.
Wurden sie nicht.
Zumindest nicht meiner.
Dieser Bescheid umfasste nicht nur die Steuernachzahlung, sondern auch gleich eine Vorauszahlung – Sie kennen das.
Nur dass diese Vorauszahlungskalkulation kein Coronavirus inkludierte. Das passte in meinem Hirn nicht zusammen:
»Wir schaffen das und lassen niemanden im Regen stehen« verstand ich irgendwie anders.
Corona. Stornos. Absagen – so weit das Auge reichte.
Umsatzeinbrüche von nahezu hundert Prozent.
Scheidung.
Homeschooling.
Und jetzt noch der Steuerbescheid.
Das Fass, *mein* Fass, war voll!
Und wenn bei einer Kurzeuphorikerin das Fass überläuft, dann klingt das im Ungefähren so:
»Mama, wen rufst du an?«
»Die netten Herrschaften vom Finanzamt. Sei so gut, mein Schatz, und schließe die Tür«, das muss der nahezu jugendliche Sohn nun wirklich nicht mitbekommen.
Es tutet in der Leitung:
»Finanzamt XY, Susanne Müller«, meldet sich meine Sachbearbeiterin am Telefon.
»Hallo, Frau Müller, mein Name ist Nicole Staudinger«, Frau Müller und ich »kennen« uns, soll heißen, ich weiß, dass sie jeden meiner Auftritte vor Ort gesehen hat.
»Ach, hallo. Geht's Ihnen gut?«, entgegnet sie mir freudigfreundlich, was in meinen Ohren schon wie Hohn klingt.
»Um ehrlich zu sein: Es geht so. Frau Müller, ich habe nur eine ganz kurze Frage«, mein Ton ist schon so eklig von oben herab.

»Ja, gern«, während sie noch immer freundlich ist.
»Schauen Sie eigentlich Nachrichten?«
Kurze Pause.
»Bitte?«
»Ob Sie Nachrichten schauen? Oder lesen? Von mir aus auch hören?«
»Ähm, ja, für gewöhnlich schon«, antwortet sie ganz zaghaft.
»Ach, das ist erstaunlich. Dann muss ich also davon ausgehen, dass Sie die missliche Lage der Welt im Allgemeinen und die äußerst missliche Lage von Künstlerinnen im Besonderen mitbekommen haben. Um mir anschließend die Frage stellen, ob Ihr gesunder Menschenverstand Sie zu dem Bescheid bewegt hat.«
Das sind leider, leider meine Worte. Und der Tonfall! Kinders …
»Ähm, also, ich mache die nicht persönlich, die werden ja vom Computer verschickt …«, versucht sie es, aber ich lasse ihr keine Chance.
Hier füge ich hinzu: Das für mich so schockierende Schreiben hatte mich in einem Umschlag mit handgeschriebener Adresse erreicht. Das hätte eigentlich nicht passieren dürfen, denn meine Steuerberaterin ist vor mir als Empfängerin zwischengeschaltet. Wohlweislich, damit ich so was gar nicht ungefiltert mitbekomme. Spätestens jetzt wissen Sie auch, wieso. Aus Gründen, die an dieser Stelle zu weit führen würden (und die mein Ausflippen leider auch nicht rechtfertigen), war dieser adressenhandgeschriebene Umschlag aber direkt in meine Hände geflattert.
»Ach, kommen Sie, das ist Ihre Handschrift«, spekuliere ich. »Sie hatten den Bescheid in der Hand. Ist es da nicht möglich, noch mal kurz zu überlegen? Ich meine, wenn selbst der Minister sagt ›Wir lassen keinen im Regen stehen‹, wie fair ist es da,

einen solchen Bescheid zu verschicken? Frau Müller, Sie können sich da nicht reinversetzen, denn Sie bekommen jeden Monat Ihr Geld. Corona hin, Corona her. Aber lassen Sie uns gemeinsam noch mal kurz in uns gehen: Wer bezahlt noch mal SIE und Ihre ganze Institution? Ach ja, der Steuerzahler. Sprich: ich!«

Ich erspare Ihnen, liebe Leserinnen, an dieser Stelle den Rest und erzähle Ihnen nur, wie die Story ausging: Ich bekam von ganz oben das Verbot ausgesprochen, jemals wieder persönlich mit dem Finanzamt Kontakt aufzunehmen.

Frau Müller ließ sich zwei Wochen krankschreiben wegen Weinkrämpfen. Und meine liebste Steuerberaterin sagte nur: »Vielleicht lässt du mich das nächste Mal die Kommunikation übernehmen.«

Jaaa, so geht es eben *nicht*.

Gar nicht.

Zu meiner Ehrenrettung muss ich sagen: Ich habe mich entschuldigt. Wochen später rief mich der Chef von Frau Müller an, und wir redeten sehr lange. In einem anständigen Ton. In diesem Gespräch hatten beide Seiten die Möglichkeit, ihren Standpunkt klarzumachen. Die Steuern musste ich trotzdem zahlen, und Frau Müller erfreut sich wieder bester psychischer Gesundheit.

Später schauen wir uns an, was hier genau passiert ist, wie wir – oder, besser, ich – es hätten anders machen können und wie wir – ich – es in Zukunft besser machen werden.

Ich erzähle diese Geschichte ganz bewusst vorab, weil ich mich Ihnen nicht als unangetastete Kommunikationsexpertin verkaufen möchte. Ich gehe sogar so weit, dass ich behaupte, dass es eine solche gar nicht gibt. Oder, falsch, vielleicht in der Theorie. Aber in der Praxis passieren (hoffe ich) jedem Dinge,

die so nicht hätten passieren dürfen. Das gilt nicht nur für die Kommunikation, sondern für alle Themen, mit denen ich mich in den letzten Jahren beschäftigen durfte.
In der Theorie sind wir alle Expertinnen, klar, aber bei der Umsetzung, da hapert es oft.
Auch bei mir.
Vor allem bei mir.
Die Kunst besteht dann aber darin, seine eigenen Fehler zu erkennen, zurückzurudern, sich zu entschuldigen und es das nächste Mal besser zu machen.

Ist es denn wirklich so wichtig?

Und genau aus diesem Grund widme ich mich diesem Thema, wir können es »Kommunikation« oder »Gute Gespräche führen«, gern auch »Mit Menschen umgehen« nennen. Weil ich glaube, dass auf unserer gesamten Welt genau das der Dreh- und Angelpunkt ist: Die Fakten, beispielsweise eine schwere Diagnose, verletzte Gefühle oder eine Kündigung, bekommen wir nicht geändert, aber *wie* ich meinem Gegenüber etwas vermittele, das habe ich in der Hand.
Und was die richtigen Wörter alles können! Wir können Menschen mit Worten dazu motivieren, über sich hinauszuwachsen, wir können Frieden und Freundschaften schließen, unsere Kinder beflügeln und unsere Liebe bekunden. Wir können trösten, Menschen zum Lachen bringen und letztlich die Welt verändern.
Nur: All das funktioniert leider auch andersrum.
Wir können mit Worten ganze (Gefühls-)Welten zerstören, Kriege anzetteln und Menschen manipulieren. Es gibt dafür

leider ausreichend Beispiele in der Geschichte. Dafür braucht es nicht mal Handlungen, es reichen Wörter, von denen sich Menschen – in welcher Weise auch immer – abgeholt fühlen. Wir können allein durch die Kraft des Wortes Geschichte verändern und Meilensteine setzen.

Denken Sie nur an all die schönen, wichtigen und bewegenden Zitate, die über Jahre hinweg noch Bedeutung haben. Denken Sie an Kennedy und »Ich bin ein Berliner« oder an Martin Luther King mit »I have a dream«. Oder an Armstrongs »Es ist ein kleiner Schritt für einen Menschen, ein großer für die Menschheit«.

Oder an das jüngste Zitat von Kamala Harris, die als erste Frau das Amt der Vizepräsidentin der USA mit den Worten »Aber auch wenn ich die erste Frau in diesem Amt bin – ich werde nicht die letzte sein« antrat.

Nehmen Sie sich ein paar Minuten Zeit und denken Sie über all die schönen Sätze nach, die *Ihnen* in Erinnerung geblieben sind. Seien es die Worte einer Berühmtheit, einer Freundin, Ihres Mannes oder Ihrer Mama: Welche Worte haben *Sie* nachhaltig beeindruckt, getröstet oder vorangebracht?

Was hat die Situation, in der sie gesprochen wurden, ausgemacht? Gibt es etwas, was wir uns aus unseren Erinnerungen rausziehen und als Überschrift für »gute Kommunikation« nutzen können?

Aber natürlich können wir uns auch die Kehrseite anschauen: Welche schlimmen Worte werden Sie nicht mehr vergessen, haben Sie in einer bestimmten Situation vielleicht nachhaltig »beschädigt«? Was empfanden Sie daran als so schlimm? Wo genau hat es Sie verletzt, und warum beschäftigt Sie das noch heute?

Es lassen sich bestimmt eine Vielzahl an Beispielen finden, denn Kommunikation passiert immer und überall. Achtung: auch unausgesprochen.

Aus meiner Erfahrung als Trainerin, als die ich sehr häufig in Firmen sein darf, kann ich Ihnen eines ganz felsenfest versichern: Wenn in einer Firma Konflikte auftauchen, dann ist das nie aufgrund von Excel.
Es dreht sich nie um eine *Sache*.
Es geht nie um einen reinen Arbeitsprozess.
Es sind immer die »Zwischenmenschlichkeiten«, die uns im Wege stehen: Sei es, dass Ziele über die Köpfe der Mitarbeiter hinweg bestimmt werden, dass jemand sich übervorteilt fühlt und sich nicht traut, es anzusprechen, oder dass man sich von den Kollegen mit einem Satz wie »Ach, hast du schon wieder Feierabend?« nicht akzeptiert fühlt, weil man »nur« eine Teilzeitkraft ist.
Der Hase liegt diesmal aber nicht im Pfeffer, sondern in der Kommunikation.
Jemand (oder viele) ist (oder sind) mit etwas nicht zufrieden, fühlt (fühlen) sich ungerecht behandelt, ausgeschlossen, verletzt, verunsichert … Doch es fehlen die richtigen, guten Wörter, um das anzusprechen und damit das Problem vermutlich aus dem Weg zu räumen. Stattdessen wird gemault, gemunkelt, getuschelt oder womöglich gar nicht gesprochen, sich zurückgezogen und getrauert. Kurzum: Es findet keine oder zumindest keine gute Kommunikation statt.

In den letzten Jahren beschäftigte ich mich nicht nur mit Schlagfertigkeit, sondern auch mit Resilienz und vor allem mit Glück. Beide letzteren Themen haben eines gemeinsam, einen gemeinsamen Nenner: gute Beziehungen und Liebe. Sie können im Leben weder widerstandsfähig noch glücklich sein, wenn Sie keine guten Beziehungen pflegen und wenn Sie nicht lieben können.
Aber was braucht es denn, um gute Freundschaften und Bezie-

hungen zu pflegen und Liebe zu bekunden? Das sage ich Ihnen: Dafür braucht es *gute Kommunikation*.
Und nicht nur dafür, sondern auch für ein erfolgreiches Leben.

Was Sie von diesem Buch erwarten können und was nicht

Ich möchte Ihre Erwartungen natürlich nicht dämpfen, meine Damen! Sollten Sie sich das Buch jetzt gerade selbst geschenkt haben oder es geschenkt bekommen haben, ist die Vorfreude (hoffentlich!) groß, und das soll sie auch bleiben.
Dennoch will und muss ich ehrlich mit Ihnen sein.
Ja, Sie werden vielleicht das Thema »Kommunikation« ganz neu für sich entdecken, und Sie werden möglicherweise sogar neuen Mut aufbringen, um sich endlich an vermeintlich schwierige Gespräche zu wagen. Vielleicht finden Sie auch eine neue Herangehensweise für Ihre Freundin, die so dringend Trost braucht. Oder für Ihr pubertierendes Kind, das sich abschottet. Das alles kann und wird hoffentlich mithilfe dieses Buches geschehen.
Sie werden aber nicht zur promovierten Verhandlungsexpertin, die zur Lösung des Nahostkonfliktes angerufen wird. Ebenso wenig wird man Sie bei einer komplizierten Geiselnahme kontaktieren, vermutlich. Sollten Sie also eine neue berufliche Laufbahn für eine ebensolche Tätigkeit einschlagen wollen, dann ist dieses Buch nicht die optimale Lektüre für Sie.
Denjenigen aber, die an guten Beziehungen, viel weniger Unausgesprochenem und dadurch letztlich an einem leichteren Leben interessiert sind, denen sage ich: Auf geht's!

Heilende Worte

Ich durfte schon mehrfach am eigenen Leib erfahren, wie sehr Kommunikation den Lauf der Dinge beeinflussen kann.
Als ich 2014 die Worte »Ach ja, da ist ein Tumor. In Ihrer Haut möchte ich jetzt aber nicht stecken« eines mir bis dahin fremden Vertretungsarztes hörte, waren die in diesem ersten Moment vermutlich schmerzhafter als die Diagnose selbst. Ich war damals, zwei Tage nachdem ich einen Knoten in meiner Brust entdeckt hatte, zu ebenjenem Arzt gegangen, weil meine Gynäkologin im Urlaub war.
Diese Worte, sein gleichgültiger Tonfall dabei – das klingt bis heute in mir nach.
Er war – gottlob – der einzige Arzt, dem ich von der Diagnose über die Behandlung bis zum Ende derselben begegnet bin, bei dem ich mich so unwohl gefühlt habe, daher sei mir der direkte Vergleich an dieser Stelle erlaubt.
Ich frage mich: Hätte es nicht einen anderen Weg gegeben, mir zu vermitteln, dass ich mit nur 32 Jahren an Krebs erkrankt war? Einen etwas zaghafteren vielleicht?
Die Diagnose an sich war, wie sie war, die hätte kein Arzt und keine Ärztin der Welt verändern können. Spielt die Art der Vermittlung denn überhaupt eine Rolle, oder überwiegt nicht doch so sehr der (schreckliche) Fakt, dass es gar keine beschönigenden Worte geben kann?

Ein paar Stunden später begegnete ich während der anschließenden Mammografie einer Ärztin, die sich wesentlich mehr Mühe gab als Dr. Grobi zuvor: »Frau Staudinger«, sagte sie,

während sie meine Hand fest drückte, »ich rede jetzt nicht lange drum herum: Sie haben Krebs. Und noch dazu einen hochaggressiven. Wenn Sie das überleben wollen, dann müssen wir jetzt handeln.« Diese Ärztin war empathisch und trotzdem direkt.
Ihre nachfolgenden, aufmunternden Worte, die etwas mit »gute Chancen« und »ausgereifte Therapien« zu tun hatten, bekomme ich allerdings nur noch mit Mühe nachkonstruiert, denn, wenn ich ehrlich bin, war ich bei »Sie haben Krebs« raus. Ich sah mich gedanklich schon in einem Hospiz.
Zu meinem großen Glück war meine Mutter in diesem Moment jedoch an meiner Seite und hat mir die aufmunternden Worte, die ich in meinem tiefen schwarzen Loch nicht mehr hören konnte, später wiedergegeben.
Erst nach 24 Stunden konnte mein Hirn überhaupt wieder irgendetwas aufnehmen. Davor jedoch lag eine Nacht des Grauens.

Also, vermutlich gibt es einfach auch diese Situationen, in denen nichts mehr an einen herankommt. In denen auch verbale Empathie und Kompetenz ihre Wirkung nicht voll entfalten können. Vielleicht müssen hier auch »gute« Wörter durch Taten wie Festhalten, Umarmen oder eben Die-Hand-Drücken ersetzt werden. Zumindest begleitet.
Und trotzdem: Ich finde, wir sollten die Kraft der Wörter als Mittel immer nutzen. Kosten sie doch nix. Und sprechen müssen wir ohnehin. Dann aber eben gern so, dass es beim Gegenüber gut an- und rüberkommt.
Und darum – ja, für mich ist die Frage so relevant wie eh und je: Kann man eine Nachricht nicht anders rüberbringen?
Vielleicht haben wir am Ende des Buches eine Antwort darauf …

Ich will Ihnen fürs Erste erzählen, wie es bei mir damals noch weitergegangen ist nach dem Zusammentreffen mit der einfühlsamen Ärztin: Wenn man mit 32 eine gesicherte Brustkrebsdiagnose erhält, dann geht alles recht schnell. Gott sei Dank! Denn wir leben in einem Land, in dem sich dann die Tore öffnen für Frauen wie mich und ca. 75 000 weitere Betroffene jedes Jahr. In einem zertifizierten Brustzentrum traf ich auf den Mann, den ich in meinem ersten Buch als »mein Held« bezeichne, und er sprach die Worte, die für mich das Licht in den dunklen Tunnel brachten: »Frau Staudinger, das ist große Kacke, aber kalkulierbare Kacke. Ich habe das schon mal gesehen, und Sie werden daran nicht sterben.«

Diese Worte waren wie ein Netz, ein Auffangen und Trostbringen zugleich. Überleben war also eine ernst zu nehmende Option und, mit Verlaub, für mich auch die einzige. Ab diesem Moment beschloss ich: Gestorben wird nicht. Zumindest jetzt noch nicht.

Ich möchte das Drama an dieser Stelle nicht bagatellisieren oder gar behaupten, dass ich seitdem nie mehr in ein Loch gefallen wäre. Das bin ich, und das tue ich bis heute. Über diese Aufs und Abs, die Bedeutung von Resilienz und Glück, habe ich schon viele Bücher geschrieben. Die erste helfende Hand in Richtung Licht, die wurde mir aber durch die Wörter dieses Mannes gereicht. Viele Tausende Male habe ich sie mir während der Chemo oder der Mastektomie in Erinnerung gerufen. Für mich war es einfach der richtige Tonfall, gepaart mit dem richtigen Inhalt gewesen: Fakten, Zuversicht und Vertrauen bildeten meine perfekte Mischung.

Und trotzdem, wenn Sie mich heute fragen, liebe Leserin: »Was hat dich gesund gemacht?«, so wäre meine Antwort nicht: »Dieser Satz! Und meine positive Lebenseinstellung.«

Nein. Meine Antwort lautet klar und deutlich: »Die Schulmedizin. Die Chemotherapie. Die Ärztinnen und Ärzte. Die Pflegerinnen und Physiotherapeutinnen. Die Reinigungskräfte und jede Menge Ibuprofen. Aber: Die richtige, gute Kommunikation, meine positive Lebenseinstellung und die Liebe meiner Mitmenschen, die haben mir dabei geholfen, diesen langen Weg besser anzunehmen.«

Mir ist dies immer wichtig, klarzustellen: Man lacht den Krebs nicht weg und denkt ihn auch nicht weg. Die Frauen, die ich habe gehen sehen, und es waren nicht wenige, die haben alle positiv gedacht. Das nur am Rande.

Aufgrund dieser Erfahrung und vieler weiterer bleibe ich also bei der Überzeugung: Gute Kommunikation ist alles. (Oder zumindest ist alles ohne sie nichts Gutes.)

Und deswegen: Machen Sie sich bereit, wir starten jetzt mit der Grundierung, meine Damen!

Teil 1:
Die Grundierung

Basis No. 1: Vertrauen

Das Setting: Familie Schmitz, das sind Mama Irene, Papa Klaus und die zwei Kinder, Lukas, fünfzehn, und Lara, zwölf, ist, wie der Rest der Republik, seit Monaten im Lockdown. Da für uns alle diese Zeit sicher noch sehr präsent ist, hier nur ein paar Stichworte zur klaren Einordnung: Homeoffice/Homeschooling/wackelige Internetverbindung/immer hungrige, streitende, nicht ausgelastete Teenager/keinerlei Ausgleich/ kurz: Alle Nerven am Ende!
So viel also zu Familie Schmitz und ihrer aktuellen Situation.
Mama Irene sorgt sich insbesondere um Lukas. Nicht nur, dass er keinerlei Motivation für irgendetwas zeigt, er rasselt auch regelmäßig mit allen Familienmitgliedern aneinander.
Nach einem erneuten heftigen Streit mit seiner Schwester spricht Irene ihn an.
»Lukas, sprich mit mir! Ich sehe doch, dass dich was bedrückt.«
»Nein. Alles okay.«
»Ich bin deine Mutter, ich merke so was!«
»Es ist nix.«
»Warum sprichst du nicht mit mir?«
»Du glaubst mir ja eh nie.«
»Was denn ›nie glauben‹?«
»Immer gibst du Lara recht. Nie mir.«
»Ich bin auch nur ein Mensch, Lukas. Ich mache nicht alles richtig.«
Schweigen.
»Weißt du eigentlich, was ich alles auf dem Schirm habe? Homeschooling, Homeoffice, den Haushalt, kochen … Dein Vater ist den ganzen Tag im Büro. Und jetzt machst du mir das Leben noch schwerer.«
Schweigen.

»Hallo!?! Ich rede mit dir.«
»Tut mir leid«, erwidert Lukas traurig.
Irenes Telefon klingelt.
»Wir sprechen nachher weiter.«
Es gibt aber kein Nachher.
Nachher gibt es nur Zoom, Aufräumen, Anzicken, Schlafengehen.

Wir könnten anhand dieses Beispiels über *so vieles* sprechen:
Über Familienpolitik in der Coronakrise.
Über die Rolle der Frau dabei.
Über Digitalisierung.
Über Irenes Selbstbild.
Über fünfzehnjährige Jungs.
Die Themenauswahl ist unerschöpflich.
Aber ich möchte mich mit Ihnen zusammen auf eine andere Sache konzentrieren. Auf eine Grundierung. Vielleicht die Wichtigste überhaupt, nicht nur für gute Kommunikation:
Vertrauen.
Und Vertrauen hat viele Gesichter:
Ich vertraue darauf, dass ich meinen Job nicht verliere.
Ich vertraue darauf, dass ich die Beziehung nicht zerstöre.
Ich vertraue darauf, meinen Tag nicht zu versauen.
Oder, wie in unserem Fall bei Lukas und Irene: Lukas vertraut darauf, die Gefühle seiner Mama nicht zu verletzen und letztlich die Liebe zu seiner Mama nicht zu verlieren.

Bevor Sie jetzt rufen: »Ähm, sorry, ich habe auch einen Fünfzehnjährigen daheim. Dem ist total egal, ob er meine Gefühle verletzt.«
Nein, ist es ihm nicht. Er weiß es vielleicht nur nicht.
Aber – und da können Sie auch Freud fragen, also, das geht ja

nicht mehr, aber Sie können es *nachlesen:* In der allerallerallerletzten Konsequenz ist die größte Angst des Menschen immer der Liebesverlust. Das gilt für Irene, Lukas und SIE, liebe Leserin, gleichermaßen. Wir wollen gefallen und geliebt werden. Auch Teenager. Glaubt und merkt man manchmal nicht, ist aber so.

Und im Übrigen: Auch Irene hat ein Vertrauensproblem …

Wir können uns das Gespräch ja mal von beiden Seiten genau anschauen.

Starten wir bei Lukas. Erst einmal, und das ist wirklich wichtig: Lukas ist in der Pubertät. Es gibt bestimmt größere Pubertätsexpertinnen als mich, aber ich bin der festen Überzeugung, dass Lukas sein eigener Experte ist. Aber auch das weiß er vielleicht nicht. Fakt ist aber, dass er sehr wohl *versucht,* sich seiner Mama zu öffnen.

»Du glaubst mir ja eh nie« ist doch der eindeutige Hinweis, dass der Junge etwas auf der Seele hat, worüber er sogar zu sprechen bereit ist. Natürlich könnte auch Lukas mal ein Buch über gute Kommunikation lesen, in dem dann steht: »Vermeide Anschuldigungen und Wörter wie ›NIE‹, ›DU HAST‹, DU MUSST‹ usw.«

Aber Lukas ist fünfzehn. Er hat da keinen Bock drauf.

Und ist es nicht auch unsere Aufgabe, als umsichtige Erwachsene, die wir immer vorgeben zu sein, auf Fünfzehnjährige zuzugehen?

Was hätte das Gespräch für Lukas im Fluss gehalten?
»Lukas, sprich mit mir! Ich sehe doch, dass dich was bedrückt.«
»Nein. Alles okay.«
»Ich bin deine Mutter, ich merke so was!«
»Es ist nix.«

»Warum sprichst du nicht mit mir?«
»Du glaubst mir ja eh nie.«
»Was denn ›nie glauben‹?«
»Immer gibst du Lara recht. Nie mir.«
»Okay, wie kommst du zu der Einschätzung?«
»Weil das so ist!«
»Kannst du mir ein Beispiel nennen? Damit ich es verstehe und dann auch ändern kann.« *(Achten Sie auf den Tonfall. Werden Sie auf keinen Fall belehrend!)*
Lukas ist unsicher. Irene merkt das, weil er ihrem Blick ausweicht.
»Schatz, mich interessiert deine Ansicht. Du brauchst keine Rücksicht auf meine Gefühle zu nehmen.«
Irene sorgt für Vertrauen. Sie geht davon aus, dass Lukas nicht mit der Sprache rausrückt, weil er Angst vor Sanktionen (Liebesentzug oder Vorwürfe) hat.
»Du bekommst ja den Anfang nie mit, Mama! Lara ist nicht der Unschuldsengel, wie ihr immer glaubt.«
Nünanünanüna! Irene spürt, dass es offenbar um ein Grundsatzproblem geht und dass hier nur die Spitze des Eisberges zu sehen ist. Aber: Lukas redet! Und das ist im Moment das Wichtigste.
»Ich bekomme ganz sicher nicht immer alles mit, mein Schatz, da hast du recht. Und vermutlich dürfte ich mich auch nicht einmischen, wenn ich nicht alles mitkriege. Hast du das Gefühl schon länger? Also, dass ich dich ungerecht behandle?«
»Ja.«
»Hast du Lust, dass wir 'ne Runde rausgehen und darüber quatschen?«
»Nö«, dreht sich um und geht.

Ich wähle bewusst dieses Ende, weil: Alles andere wäre zu kitschig und auch unrealistisch. Dass ein Fünfzehnjähriger das

Haus verlässt, ist ebenso unrealistisch wie die Annahme, dass er dies mit seiner Mutter tun würde. Aber, meine Damen, es wäre doch ein Anfang!
Und wenn wir uns einmal bewusst gemacht haben, dass Vertrauen eine Basis für gute und lösungsorientierte Kommunikation ist, dann können wir in Zukunft für eine solche Atmosphäre sorgen (siehe dazu das Kapitel »Die richtige Atmosphäre« auf Seite 40). Davor aber liegt mir noch eine Frage an Sie auf dem Herzen: Wie kommt es überhaupt, dass wir so oft annehmen, dass die Wahrheit auszusprechen – und sei es nur unsere gefühlte Wahrheit – zu verletzten Gefühlen unseres Gegenübers führt?

Lassen Sie mich dazu noch einmal mit einem Beispiel ausholen:
Charlotte hat heute Geburtstag. Sie wird sechs Jahre alt. Sie ist aufgeregt, denn heute kommt ihre Verwandtschaft: Oma und Opa, Tante Gisela und Onkel Frank. Sie liebt sie alle von ganzem Herzen und freut sich unglaublich auf ihre Gäste.
»Herzlichen Glückwunsch, du großes Mädchen«, strahlt ihre Tante Gisela sie wenig später an und herzt sie.
»Danke!«, jauchzt Charlotte zurück.
»Schau mal, wir haben dir natürlich auch was mitgebracht«, mit diesen Worten überreichen ihr die Gäste das Geschenk.
»Toll! Danke!«, ruft Charlotte schon beim Auspacken. Voller Vorfreude reißt sie das Geschenk auf. Zum Vorschein kommt ein Lego-Set, speziell für Mädchen. Charlotte hasst Lego. Zumindest das für Mädchen. Das von *Star Wars* hätte sie ja noch cool gefunden, aber die rosafarbene Alternative, die sie da vor sich hat, findet sie blöd. Und das sieht man Charlotte auch an.
»Och, Mäuschen, gefällt es dir nicht?«, fragt ihre Tante besorgt und etwas enttäuscht nach.

»Nee«, antwortet das Mädchen traurig.
»Charlotte, jetzt sei nicht so undankbar!«, meldet sich prompt ihre Mama. »Natürlich gefällt es ihr, nicht wahr? Schau doch mal, wie schön die Figürchen sind ...«, übernimmt die Mama die ausgleichende Rolle.
»Nee, Mama. Ich hasse das rosane Zeug!«
»Charlotte, bitte! Das sagt man doch nicht. Schau mal, wie traurig deine Tante jetzt ist ...«
Tante Gisela guckt tatsächlich ein bisschen bedrückt.
»Ich find es trotzdem blöd«, wiederholt Charlotte ihre Meinung.
Ihre Tante steigt dann augenscheinlich beschwichtigend ein: »Das macht doch nichts, ich kann es ja umtauschen.« Ihr Tonfall sagt allerdings etwas anderes.

Was hat Charlotte heute, an ihrem Geburtstag, gelernt? Jetzt mal abgesehen davon, dass es rosafarbenes Mädchen-Lego gibt. Charlotte hat gelernt, dass sie, wenn sie die Wahrheit sagt, die Gefühle der Tante verletzt. Die Tante wird von Charlottes ehrlicher Reaktion traurig.
Also lernt Charlotte die folgende Formel fürs Leben: Ehrlichkeit = Enttäuschung, vielleicht bis hin zu Liebesentzug.
Vermutlich hat unser fünfzehnjähriger Lukas bereits ähnliche Erfahrungen in seinem Leben gemacht.
Und Sie, liebe Leserinnen, sicherlich auch.
Streng genommen brauchen wir uns also nicht darüber zu beschweren, dass sich Lukas nicht traut, mit der Sprache rauszurücken. Zumal er bei seinem Versuch, es zu tun, sogar darin bestätigt wird, dass die Wahrheit seine Mutter verletzt: »Und jetzt machst du mir das Leben noch schwerer.«

Machen wir es uns also ganz bewusst: Vertrauen ist das A und O für eine gute Kommunikation. Wir müssen darauf vertrauen dürfen, dass das, was wir – natürlich in einem ordentlichen Tonfall – zu sagen haben, nicht auf Unverständnis, reine Verteidigung oder Unmut stößt. Und genauso sollten wir, wenn jemand uns etwas zu sagen hat, so unvoreingenommen und offen wie möglich darauf reagieren.

Im Falle eines Pubertierenden kommen Sie mit einem Perspektivwechsel übrigens mitunter schneller ans Ziel. Versuchen Sie doch mal, es von dieser Seite zu sehen: Der junge Mensch vertraut Ihnen so sehr, dass er sich traut, seine wahren Gefühle zum Ausdruck zu bringen.

So musste ich es persönlich auch sehen, als mein Sohn nach dreizehn Monaten Homeschooling zu mir sagte: »Mama, es tut mir leid, ich ertrage deine Visage nicht mehr.« Sein Tonfall war dabei so höflich und charmant, dass mir nichts anderes übrig blieb, als diese Offenbarung als reinen Liebesbeweis zu nehmen. Was es ja auch war. Was für ein Geschenk, dass er mir zutraute, dass ich diese Bemerkung tragen oder *er*tragen kann!

Vertrauen gehört nicht nur zu einer guten Kommunikation, es muss auch auf allen Ebenen vorhanden sein. Bisher haben wir uns aber nur Lukas angeschaut. Werfen wir jetzt noch mal einen Blick auf seine Mutter Irene. Wie reagiert sie in unserem Beispiel?

»Ich bin auch nur ein Mensch, Lukas. Ich mache nicht alles richtig.«

»Weißt du eigentlich, was ich alles auf dem Schirm habe? Homeschooling, Homeoffice, den Haushalt, kochen … Dein Vater ist den ganzen Tag im Büro. Und jetzt machst du mir das Leben noch schwerer.«

Auch Irene hat ein Thema mit Vertrauen beziehungsweise Nicht-Vertrauen. Und zwar in sich selbst. In ihre Rolle als Mama. Als Frau. Als Gesprächspartnerin.
Müssen wir also erst mal Vertrauen zu uns selbst aufbauen, um eine vertrauensvolle Atmosphäre für unseren Gesprächspartner oder unsere Gesprächspartnerin zu schaffen?
Ich finde: ja!
Wenn Irene zu einhundert Prozent sich selbst als Mama vertrauen würde, dann hätte sie vielleicht eher reagiert wie in unserem Vorschlag oben, der das Gespräch im Fluss gehalten hätte: »Wie kommst du zu der Einschätzung?« Sie hätte ihren Sohn dazu aufgefordert, weiterzusprechen, weiter ehrlich zu ihr zu sein. Weil sie sich nicht direkt angegriffen gefühlt und der scheinbare Vorwurf eben nicht an ihren Grundfesten gerüttelt hätte, sondern nur an ihren Ohren.
Es geht in diesem Fall ja auch nicht darum, wer recht oder wer unrecht hat, sondern nur um die Frage: Wie kommen wir da raus? Wie können wir unsere Beziehung zueinander gut und vertrauensvoll halten, in erster Instanz also den Gesprächsfluss am Laufen?
Und da Sie, liebe Leserin, nun mal eher die Irene als den Lukas verkörpern, setzen wir bei ihr und damit sozusagen bei uns an. Irene ist gerade am Ende. Und womit? Mit Recht. Weil diese Krise uns allen alles abverlangt hat. Natürlich zweifelt Irene an sich. Und als ob das nicht schon doof genug für sie wäre, wird es jetzt auch noch doof für die Kinder.
So ist das, meine Damen, an uns hängt halt viel.
Das Schöne ist: Sie sind darin nicht gefangen.
Kommen Sie aus sich raus, fliegen Sie über sich, beobachten Sie sich von oben.

Stellen wir zuerst einmal fest: Jetzt habe ich Gelegenheit, mit Lukas zu sprechen. Wie kann ich sie nutzen?
Dann fragen wir uns: Ist genügend Vertrauen als Basis für gute Kommunikation vorhanden?
Daran schließt sich eine wichtige Frage an: Woran merken Sie, dass vielleicht *nicht* genügend Vertrauen da ist? Schauen Sie genau hin! Das merken Sie sofort.
Um bei dem Beispiel mit Lukas zu bleiben (wir schauen uns später noch andere Situationen an):
- Er weicht Ihrem Blick aus.
- Er fängt an, unruhig hin und her zu wippen.
- Er lenkt arg vom Thema ab.
- Er zeigt einen unsicheren Gesichtsausdruck.

Wenn Sie jetzt sagen: »Na ja, mein Mann, mein Sohn, meine Tochter, mein Chef etc. guckt immer ein bisschen komisch«, dann lohnt die Nachfrage:
»Ist alles okay?«
»Na klar«, antwortet unser Gegenüber, aber der Tonfall dazu und der begleitende Gesichtsausdruck sprechen eine andere Sprache.
Wir können versuchen, eine Atmosphäre des Vertrauens zu schaffen: »Ich frage nur, weil mir dein Gesicht unglücklich erscheint.«
Sie sind Frauen, meine Damen, vertrauen Sie darauf, dass Sie spüren, wenn Vertrauen flöten geht. Und dann: Holen Sie es sich zurück!
Jetzt kann das Gespräch in einen Fluss kommen. Oder aber auch nicht, und Ihr Gegenüber verschließt sich weiter. Dann können Sie das Gespräch nur noch auf einen späteren Zeitpunkt vertagen und hoffen, dass es dann besser geht.

Basis No. 1: Vertrauen
- Sorgen Sie dafür, dass Ihr Gegenüber Vertrauen zu Ihnen hat.
- Schaffen Sie gegebenenfalls eine Atmosphäre des Vertrauens (dazu mehr im nächsten Kapitel).
- Bestrafen Sie Ihr Gegenüber nicht, wenn es ehrlich ist. Sie haben ja gefragt.
- Sehen Sie es als Geschenk, wenn Ihr Gegenüber ehrlich zu Ihnen ist. Dann hat der- oder diejenige keine Angst vor Liebesentzug Ihrerseits, und das bedeutet, dass er oder sie sich seiner oder ihrer starken Beziehung zu Ihnen sicher ist.
- Achten Sie auf Ihr Gegenüber und nehmen Sie wahr, ob er oder sie sich während des Gesprächs noch wohlfühlt.
- Wenn dem nicht so ist, vertagen Sie das Gespräch.

Basis No. 1: Vertrauen

Basis No. 2: Die richtige Atmosphäre

Vielleicht ist es Ihnen schon mal passiert, dass Sie aus dem Stand heraus ein gutes Gespräch geführt haben, mit dem Sie gar nicht gerechnet haben.
Ganz einfach: weil die Atmosphäre stimmte.
Natürlich sollen und müssen gute, wichtige und manchmal auch ernste Gespräche sich aus einer Situation heraus entwickeln dürfen. Das bedeutet, dass Sie nicht immer von vornherein für Kerzenlicht und Champagner sorgen können. Ich bin auch gar kein Fan davon, Gespräche allzu sehr zu planen oder

die Einrichtung danach auszurichten, aber ich glaube, dass es gewisse *Umgebungen* gibt, die ein gutes Gespräch, sagen wir mal: fördern können.
Und eben auch umgekehrt.
Ein Gespräch über die Ehekrise in einem vollen und lauten Restaurant oder in einer Bar zu führen ist vielleicht nicht ganz so optimal. Bis Ihr Mann (oder Ihre Frau) Sie verstanden hat, haben es die anderen anwesenden Gästinnen wohl auch. Ob das aber in Ihrem Interesse ist, wage ich zu bezweifeln.
»Lass uns später weiterreden, hier ist nicht der richtige Ort« haben Sie bestimmt schon mal selbst gehört oder gesagt.

Aber was ist der richtige Ort?
Grundsätzlich sollten Sie, um das herauszufinden, immer in sich hineinspüren. Atmosphäre zu schaffen geht nicht ohne Bauchgefühl. Und beobachten Sie Ihr Gegenüber, ob er oder sie sich unter Druck gesetzt fühlt. Das sollte natürlich nicht der Fall sein.

Augenkontakt

Apropos »unter Druck«: »Guck mich an, wenn du mit mir redest« ist so ein Satz, den ich in meiner Pubertät oft gehört habe und den ich auch schon zu meinen Kindern gesagt habe. Aber wem nützt das eigentlich? Ist der Augenkontakt bei ernsten Themen tatsächlich immer so angenehm?
Sowohl bei meinen Kindern als auch bei Seminarteilnehmerinnen habe ich beobachtet: Nicht für jeden und jede ist der Augenkontakt wünschenswert. Ständiger Augenkontakt setzt viele Menschen sehr stark unter Druck und macht sie unsicher und nervös, was sie, wenn sie den Blick einfach schweifen lassen dürften, vielleicht gar nicht wären. Sie fühlen sich einfach zu sehr unter Beobachtung.

Es muss überhaupt kein Zeichen von nicht vorhandenem Vertrauen sein, wenn jemand den Augenkontakt während eines Gesprächs nicht hält. Ich habe zum Beispiel die Erfahrung gemacht, dass die allerallerbesten Gespräche im Auto geführt werden können. Weil da jeder und jede für sich geradeaus schaut und man nur ab und an mal Augenkontakt aufnimmt. Als ob sich die Gedanken besser sortieren können, wenn man nicht ständig dabei beobachtet wird.
Dasselbe gilt für einen Spaziergang, einmal der frischen Luft wegen, aber eben auch weil man nebeneinanderher geht.
Oder wann haben Sie das letzte Mal ein richtig gutes Gespräch starr am Tisch geführt? So frontal zueinander? Überlegen Sie mal: Was haben Sie dabei empfunden und beobachtet?

Außerdem ist es schwierig, solche starren Gesprächssituationen gut zu beenden. Man kann schlecht einfach aufstehen und gehen. Zumindest ist das immer irgendwie unangenehm. Während eine Autofahrt oder ein Spaziergang in der Regel irgendwann ganz organisch zu Ende ist, oder man wird von anderen Dingen, sozusagen »am Wegesrand«, abgelenkt, die das Thema automatisch beenden.

Natürlich wäre es auch kontraproduktiv, wenn Sie, wenn gerade ein gutes Gespräch im Entstehen ist, plötzlich riefen: »Stopp, wir gehen jetzt raus, dann müssen wir uns nicht mehr in die Augen sehen«, oder: »Stopp, ich hole noch schnell eine Duftkerze!« Aber manchmal lassen sich die äußeren Umstände eben gut im Vorhinein festlegen oder zumindest fokussieren.

Wenn Sie also die Möglichkeit haben, dann können Sie auf folgende Punkte achten, um zu einer vertrauensvollen, guten Gesprächsatmosphäre zu verhelfen:

- Sorgen Sie für gute Luft (auch in geschlossenen Räumen).
- Gehen Sie im besten Fall raus an die frische Luft (laden Sie auch in einem schwierigen Meeting dazu ein: »Wie wäre es mit einer Runde um den nahe gelegenen See?«).
- Nehmen Sie einen Ortswechsel vor, denn der ermöglicht manchmal einen hilfreichen Perspektivwechsel. Mit der Familie ist das recht einfach in Form eines kleinen Ausflugs zu erreichen. Aber auch im Job ist es gut umsetzbar: »Wer hat Lust auf einen richtig guten Nachtisch bei unserem Lieblingsitaliener?« Sie glauben gar nicht, was ein Aus-der-Situation-Weggehen alles bewirken kann.
- Sorgen Sie für angenehme Lautstärke. Wenn Sie oder Ihr Gegenüber ständig alles wiederholen müssen, weil die Umgebung zu laut ist, sorgt das nicht für ein vertrauensvolles Sich-fallen-Lassen.
- Sollten Sie gerade dabei sein, neue Büroräume einzurichten, achten Sie auf die Farben! Die können ganz viel machen in Richtung Stress oder Entspannung, Motivation oder Demotivation.
- Sorgen Sie für gutes Essen, gute Verpflegung. Denken Sie nur an die Italiener! Die schließen keine Geschäfte ohne ein gutes Essen und Vino ab.
- Sorgen Sie für eine nicht sanktionierte Umgebung. Das ist besonders wichtig bei Kindern. In einer Umgebung, in der Sie ständig »Lass das!«, »Geh da nicht ran!« rufen müssen, entsteht wenig außer Stress.
- Ein- und Ausatmen nie vergessen! Vor einem Verhandlungsmarathon oder einem durchgängigen Tag Homeschooling: Sorgen Sie für den Wechsel zwischen Bewegung und Innehalten. Wenn der Bewegungsapparat zwischendurch gefordert wird, ist der Kopf wieder frei.

Meine persönliche Erfahrung als Mama ist:
Die besten Gespräche führe ich mit meinen Kindern nie am Esstisch. Für uns sind Hobbys oftmals ein guter, ungezwungener Einstieg, wie zum Beispiel Puzzeln. Jeder guckt konzentriert auf die Teile vor sich, alle haben das gleiche Ziel, und dann ergibt sich oft ein wundervoller Austausch.

Meine persönliche Erfahrung als Trainerin ist:
Wenn ich meine Seminare live gestalten darf, ist mir nicht nur der Raum mit Tageslicht und Frischluftzufuhr (über die Fenster, nicht die Klimaanlage) wichtig, sondern auch die Stuhlformation. Hier wähle ich meist die U-Form. Man *kann* sich anschauen, muss es aber nicht.
Viel wichtiger aber ist mir noch die Umgebung. Die wirklich wahren, tiefen Gespräche entstehen nämlich in den Pausen. Sylt ist tatsächlich mein Lieblings-Seminarort. Am Meer fließen immer wundervolle Tränen.

· ·

Basis No. 2: Die richtige Atmosphäre
- Ist die Lautstärke okay?
- Ist die Luft zuträglich?
- Ist die Privatsphäre sichergestellt?
- Verlassen Sie sich gern weitestgehend auf Ihr Bauchgefühl.

· ·

Basis No. 1: Vertrauen
Basis No. 2: Die richtige Atmosphäre

· ·

Anmerkung am Rande: Liebe Leserin, für den Fall, dass Sie auch Von jetzt auf Glück *gelesen haben – erinnert Sie das an etwas? Wir haben auf der Suche nach dem Glück das »Komm zurück ins Jetzt« gefunden. Die Erkenntnis, dass wir im Prinzip alle nichts anderes haben als das Jetzt. Erinnert Sie die »richtige Atmosphäre« nicht genau daran?*

Und noch eine Anmerkung: Mir ist durchaus bewusst, dass gute Kommunikation nicht am Reißbrett entsteht und Papier, in diesem Fall dieses Buch, geduldig ist. Vielleicht haben Sie sogar schon leicht angesäuert gedacht: »Als wenn es so einfach wäre! Mein/-e Sohn/Tochter/Mann/Chef, wer auch immer, reagiert darauf nicht. Der/die hat gar keinen Blick für eine schöne Atmosphäre.«
Dann möchte ich Ihnen gern entgegen, meine Damen: Das Gegenüber ist auch gar nicht mein beziehungsweise unser Ansatz. Aus mehreren Gründen: Sie haben natürlich nicht in der Hand, ob Ihr/-e Gesprächspartner/-in so reagiert, wie Sie sich das vorstellen. Das haben wir nie. Dafür hätten Sie Hypnotiseurin werden müssen. (Und selbst die brauchen eine gute Atmosphäre.)
Wir schauen uns hier – und in allen anderen Büchern von mir – immer nur das an, was WIR ALLEIN in der Hand haben. Und das gern optimistisch. Dabei ist »optimistisch« kein Synonym für »einfach«. Weder das Thema »Schlagfertigkeit« noch »Resilienz«, »Abnehmen« oder gar »Glück« ist je einfach.
Das würde ich Ihnen aber auch nie versprechen: »Schlagfertigkeitsqueen – der einfache Ratgeber zur Schlagfertigkeit« oder »Von jetzt auf Glück – wie Sie das Glück ohne Anstrengung finden«. Das steht auf meinen Büchern nicht drauf. Auch nicht auf diesem hier.
Denn: Einfach ist es selten.
Aber unmöglich ist es, aus meiner Erfahrung, auch nie.
Also, wenn Sie es in der Hand haben, eine schöne Atmosphäre zu

schaffen, dann tun Sie es. Eine Garantie dafür, dass Ihr Gegenüber das macht, was Sie wollen, ist es nie. Aber muss es das denn sein?

Basis No. 3: Der richtige Tonfall

In der *Schlagfertigkeitsqueen* habe ich mich dem Thema Körperhaltung und Körpersprache und auch der Bedeutung der Stimmlage gewidmet. Da ich Sie aber nicht nötigen möchte, sich dieses Werk zuzulegen, hier eine kleine, knappe Wiederholung dessen, was ich bereits vor einigen Jahren aufgeschrieben habe. Denn auch nach mehreren Jahren des Trainerinnendaseins hat sich daran kaum etwas geändert.
»Im richtigen Ton können Sie alles sagen, im falschen nichts«, so ungefähr lautet das berühmte Zitat von George Bernard Shaw.
Den »richtigen« Tonfall zu beschreiben ist zugegebenermaßen kein leichtes Unterfangen, daher fangen wir von der anderen Seite an:
Zickig sollte er *nicht* sein.
Um zu erkennen, ob Sie zickig sind, kommen Sie um die Selbstreflexion (mal wieder) nicht herum. Später im Buch widmen wir uns noch der Feedforward-Methode. Wenn Sie unsicher sind, ob Sie dazu neigen, zickig zu klingen, können Sie sich mithilfe dieser vielleicht absichern.
Des Weiteren können wir festhalten:
- Je knackiger der Inhalt Ihrer Sätze, desto lässiger sollte Ihr Tonfall sein.
- Je lauter Ihr Gegenüber, desto leiser gern Sie.
- Sprechen Sie nicht zu schnell.
- Versuchen Sie, möglichst tief in Ihrer Stimmlage zu bleiben.

- Nehmen Sie, wenn es für Sie okay ist, gern Blickkontakt mit Ihrem Gegenüber auf, halten Sie ihn aber nicht zu lang, das könnte als Angriff missverstanden werden.

Basis No. 3: Der richtige Tonfall
- Via Selbstreflexion klären: Bin ich vielleicht in einer »zickigen« Stimmung?
- Die Botschaft klarhaben und die Stimmlage entsprechend auswählen.

Basis No. 1: Vertrauen
Basis No. 2: Die richtige Atmosphäre
Basis No. 3: Der richtige Tonfall

Basis No. 4: Runter vom hohen Ross

Achtung, meine Damen, ich warne direkt schon mal vor: Dieses Kapitel ist weder einfach noch bequem.

Aber lassen Sie uns leicht starten: Was, glauben Sie, hören Menschen am liebsten? So ganz pauschal. Und so völlig aus dem Bauch heraus geantwortet.

Was hören *Sie* und *ich* am liebsten?

Dass man uns liebt, vielleicht?

Ja, bestimmt. Das steht sicherlich ganz weit oben auf der Liste. Es gibt aber etwas, was wir noch lieber hören.

Unseren eigenen Namen.

»Quatsch«, ist vielleicht Ihre erste Reaktion.

Dann kommen Sie noch mal rein und überlegen Sie noch mal ganz ehrlich.

Es ist Musik für unsere Ohren, wenn wir unseren eigenen Namen hören. Weil da so viel mitschwingt:

Ich habe dich gesehen.

Ich habe dich mir gemerkt.

Ich spreche dich bei deinem Namen an.

Du wirst gehört.

Du bist wichtig.

Und letztlich (je nach Situation natürlich): Du wirst geliebt.

Die Steigerung von »Ich liebe dich« ist also »Ich liebe dich, Lieschen Müller«.

Denn der eigene Name, ausgesprochen von jemand anderem als von einem selbst, drückt Verbindlichkeit aus.

Wenn wir einmal verstanden und akzeptiert haben, dass das Nennen beziehungsweise Hören unseres Namens für uns so wichtig ist, können wir getrost davon ausgehen, dass es sich auch für alle anderen Menschen so verhält. (Das ist das Schöne und Wertvolle an Selbstreflexion: Wir schauen uns eine Sache, eine Situation an und fragen uns: Was macht das mit mir? Was kann ich daraus lernen? Und wie kann ich das übertragen und auf meine Mitmenschen anwenden?) Wir kommen im Kapitel »Zuhören« (Seite 64) noch mal darauf zurück, wie Ihnen dieses Wissen für eine gute Kommunikation nützlich sein kann.

In diesem Kapitel möchte ich aber vorerst auf etwas anderes hinaus.

Halten wir fest: Wir hören gern unseren eigenen Namen.

Getoppt wird das Ganze, wenn wir zitiert werden: »Wie eben schon Lieschen Müller erwähnte …«, »Lieschen Müller hat das mit den Worten XY sehr gut auf den Punkt gebracht«, »Lieschen Müller beschrieb dieses Phänomen bereits im Jahre 1893 in ihrer Abhandlung über …« Denn zitiert werden ist all das, was wir eben gelernt haben: Man hat mich gehört, gesehen, bemerkt und mich wichtig und ernst genommen. PLUS: Man wiederholt mich und wertet das von mir Gesagte, meine Meinung, dadurch noch mal ins Unermessliche auf.

Dass es für uns bedeutend ist, dass wir gehört, gesehen, wenn möglich wiederholt und schlussendlich geliebt werden, kann uns zu dem Schluss führen:

Wir wollen wichtig sein.

Und für wichtig wird man vor allem dann genommen, wenn man recht hat. Wenn man also eine Meinung, einen Fakt verbreitet, der als wahr festgestellt werden kann. Wenn Sie Mumpitz erzählen, werden Sie nicht für wichtig gehalten, weil Sie die Unwahrheit sagen. Gekonnte Redner/-innen wissen um die Bedeutung der Körpersprache und können ihr Publikum mit gezielter Rhetorik und Gesten so in ihren Bann ziehen, dass es (leider!) egal ist, ob sie Mumpitz erzählen oder nicht. Die Zuhörer/-innen bemerken es gar nicht. Sie *nehmen* die Redner/-innen als wichtig *wahr* und demzufolge als Personen, die recht haben. Nicht auszudenken, was passieren würde, wenn einige nicht demokratische Parteien eines Tages einen charismatischen, sympathischen Redner oder eine Rednerin gewinnen würden. Der oder die zwar natürlich Mumpitz erzählen, aber anders wahrgenommen würde …

Wir schweifen ab.

Wir nehmen also hinzu: **Man wird als wichtig empfunden, wenn man recht hat.**

Und wer wichtig ist, der oder die wird gehört, gesehen, wahrgenommen und geliebt.

Das glauben wir.

Die eine ein bisschen mehr, die andere ein bisschen weniger.

Jetzt wagen wir uns an ein Gedankenexperiment:
Luisa und Tim arbeiten gemeinsam an einem Projekt. Dies inkludiert regelmäßige Updates an ihren Chef. Während Luisa generell eher still und zurückhaltend ist, stürmt Tim oft laut voran. Daher wird er, so nimmt Luisa es wahr, von ihrem Vorgesetzten auch eher gehört. Es ärgert sie wahnsinnig, dass er alle Lorbeeren für ihre gemeinsame Arbeit erntet, nur weil er es immer wieder schafft, sich selbst in ein besseres Licht zu rücken. Dabei hat Luisa insgeheim den Eindruck, sie würde den Großteil der Arbeit machen und Tim kassiere das Lob und die Anerkennung dafür.

»Luisa, das Diagramm so zu gestalten, es noch dazu an dieser Stelle in der Präsentation einzubauen, ist falsch«, sagt er sehr deutlich, als sie beide bei der Endabstimmung des Projekts und der Vorbereitung der Präsentation desselben sitzen.

»Finde ich nicht«, kontert Luisa sofort. Sie bemerkt selbst, dass ihre Stimmlage höher ist, als sie das beabsichtigt hatte.

»Aber wenn du es so machst, kann man den Fortschritt nicht erkennen. Ein Säulendiagramm wäre besser.«

»Tim, ich habe mir hierbei sehr wohl etwas gedacht. Ich finde sowohl die Darstellung als auch den Zeitpunkt in der Präsentation korrekt.« Ganz kurz überlegt Luisa, ob sie noch ein Unprofessionelles »Ich finde das, was du vorbereitet hast, auch voll doof« hinterherjagen sollen, sie beißt sich aber rechtzeitig auf die Zunge.

»Wie du meinst«, erwidert Tim, ohne aufzublicken, und der Rest des Zusammentreffens läuft eher schweigsam ab.

Wie das Szenario ausgeht, ist an dieser Stelle im Prinzip irrelevant. Das Ende der Geschichte sei gedanklich Ihnen überlassen, liebe Damen (wir kommen im Kapitel »Unser Menschenbild« auf Seite 56 noch mal drauf zurück).

Ich will Tim gar nicht unterstellen, dass er dem Chef später ein süffisantes »An dieser Stelle waren Luisa und ich uns nicht einig. Ich hätte eine andere Darstellung gewählt, aber sei's drum …« hingestreut hätte.
Es geht nämlich gar nicht um Tim.
Es geht um Luisa.
Wovor hat Luisa Angst?
Sie hat Angst davor, dass Tim wieder »alle Lorbeeren erntet«. Dass ihre Arbeit nicht gesehen wird. Dass *sie* nicht gesehen, gehört, beachtet, wertgeschätzt wird. Dass sie nicht wichtig ist. Um wichtig zu sein, muss sie recht haben. Glaubt sie. Und das wird ihr gerade von Tim in Abrede gestellt: »Luisa, das Diagramm so zu gestalten, es noch dazu an dieser Stelle in der Präsentation einzubauen, ist falsch.«
NÜNANA! »Falsch«, triggert Luisa. Falsch geht nicht. Falsch = unrecht haben = nicht wichtig sein!
In dem Moment, in dem wir andere mit Absolutionen konfrontieren wie *»falsch«*, *»Du musst das so machen«* oder *»Das ist ein Fehler«*, stellen wir unser Gegenüber vor ein Riesenproblem. Wir lassen ihm im Prinzip keine andere Wahl, als so zu reagieren, wie Luisa es tut: »Finde ich nicht.«

Noch mal: Wir hören gern unseren Namen. Wir werden gern für wichtig gehalten und für voll genommen. Wir glauben, dass uns das, wenn wir einen Fehler machen, verloren geht. Wenn wir etwas »falsch« machen, sind wir nicht mehr wichtig. Dann zitiert man uns nicht mehr. Nur noch Tim. Den blöden, gemeinen Tim. Der schnappt uns immer alles vor der Nase weg.
Tims wegen werden wir nicht mehr gesehen.
Und genau diese Angst bringt Luisa in ebenjene unglückliche Rechtfertigungsposition. Und in eine unüberbrückbare Verteidigungshaltung. Denn Luisa gibt Tims möglichem Vorschlag

ja nicht einmal eine Chance. »Finde ich nicht« ist hierbei gleichzusetzen mit dem trotzigen, eher kindlichen »Selber!«, auch gern genommen ist: »Mach's besser« oder, noch schlimmer: »Guck *dich* doch mal an!«
Aber wozu führt das?
Luisa nutzt ihre gesamte Energie, um Tim zu beweisen, dass sie recht hat, anstatt sie in die bestmögliche Präsentation zu stecken, die Erfolg verspricht.
Weil sie wichtig ist, verdammt noch mal!
Und damit, meine Damen, sind wir genau da angelangt, wo ich hinwollte.
Gern wiederhole ich: Dieses Kapitel ist weder einfach noch bequem.
Kommen Sie, wir und ich, doch mal bitte runter vom hohen Ross!
Lassen Sie uns gemeinsam erkennen, dass wir von da oben nur wenig Möglichkeit für eine gute Kommunikation, eine gute Präsentation oder gar ein glückliches Leben haben.
Es ist nämlich totaler Quatsch, dass Sie keine Fehler machen dürfen. Und auch, dass Sie keine machen. Und es ist Quatsch, dass Sie, wenn Sie diese zugeben, nicht mehr wichtig sind. Der größte Irrtum aber ist, dass Sie nach einem Fehler nicht mehr geliebt werden!

Steigen Sie stattdessen mit mir gemeinsam ab und stellen sich die alles entscheidende Frage in Sachen »gute Kommunikation«: Worum geht es mir wirklich? Und zwar *wirklich* WIRKLICH!
Will ich einfach nur recht behalten, aus Prinzip? Fahre ich selbst hier womöglich gerade einen Egotrip? Nehme ich mich vielleicht zu wichtig?
Oder will ich wirklich etwas erreichen?

Wenn Sie das für sich geklärt haben, dann könnten wir Luisa vielleicht so reagieren lassen:
»Luisa, das Diagramm so zu gestalten, es noch dazu an dieser Stelle in der Präsentation einzubauen, ist falsch.«
»Findest du? Wie kommst du darauf?« Luisa weiß, dass Tim wirklich gut in solchen Sachen ist, und vielleicht hat er ja einen entscheidenden Tipp.
»Schau mal, wenn wir es als Säulendiagramm abbilden würden, dann käme die Kurve viel besser zur Geltung. Und wenn wir es *nach* dieser Folie setzen, lässt es sich besser erklären.«
Tim kann dabei so besserwisserisch und sogar arrogant rüberkommen, wie er will. Weil es Luisa nicht mehr ums Rechthaben, sondern um die Präsentation geht, erkennt sie, dass er inhaltlich recht hat.
»Danke, Tim. Ich versuche es.«
Wie es dann weitergeht, meine Damen, das steht in den Sternen, denn es hängt von sooo vielen Faktoren ab, auf die wir gleich noch zu sprechen kommen.

Anmerkung am Rande: Natürlich gibt es auch die Option, dass Tim Luisa bewusst kleinhalten will. Eine leider nicht seltene Option. Und natürlich würde ihr in genau solch einem Fall die Schlagfertigkeit zur Seite stehen. Zur Erinnerung, was sie hier prompt antworten könnte: »»Falsch oder nicht, das ist hier die Frage«« *– für alle, die Fans von Dramatik sind. Oder ein einfaches* »Du Fuchs!«. *Gern mit einem Augenzwinkern, dann bleibt die Stimmung locker.*

Fassen wir an dieser Stelle einmal zusammen:
Die Annahme, dass wir die alleinige Krönung der Schöpfung sind und immer und überall recht haben, damit wir ja wichtig erscheinen und es natürlich auch sind, steht einer guten Kom-

munikation im Wege. Weil wir daran streng genommen gar nicht interessiert sind. Denn wenn Sie die Beste sind, dann können Sie gar nicht ergebnisoffen in einen Meinungsaustausch hineingehen. Sie wollen den anderen von vornherein etwas überstülpen. Ihre Meinung. Weil Sie nun mal recht haben. Und superwichtig sind. Immerhin werden Sie zitiert.

Wie sagte mal eine Kollegin zu mir: »Jeder Idiot findet einen anderen Idioten, der einen geil findet.« Stimmt leider. Das macht einen aber leider nicht in echt geil. Und schon gar nicht wichtig. Und erst recht nicht zu einem besseren, gern gesehenen Menschen.

Jetzt muss man ehrlicherweise hinzufügen, dass diese »Ich bin der Geilste«-Mentalität häufiger bei Männern aufploppt als bei uns Ladys. Und: Gerade ich ermutige die Frauen doch seit Jahren dazu, erst mal davon auszugehen, dass sie alles können und immer nach den Sternen und nicht nach den Gänseblümchen greifen sollen. Aber soll ich Ihnen was sagen: Das steht für mich in keinem Widerspruch zueinander. Denn von sich selbst überzeugt zu sein und anderen ihre Meinung zu lassen, gar nach dieser zu suchen, hat einen gemeinsamen Nenner. Und das ist, mal wieder: das eigene Selbstbild.

Ist das nicht krass? Und auch ein bisschen langweilig? Immer, immer wieder kommen wir darauf zurück.

Das eigene Selbstbild ist nun mal so wichtig, wenn wir von unserem hohen Ross runterwollen. Denn, so paradox das klingt, es ist schuld daran, dass wir überhaupt erst auf den Gaul hinaufgeklettert sind.

Luisa ist nicht wirklich Tims wegen verunsichert. Luisa führt auch nicht Tims wegen ein berufliches Leben, das hinter ihren Möglichkeiten zurückbleibt. Das wäre zu einfach. Aber so einfach machen wir es uns leider nur zu gern.

Tim ist schuld, wenn ich nicht gelobt werde. Meine Damen, merken Sie selbst, ne? Da kommen wir nicht weiter. Weil Tim sich gar nicht in unserem Handlungsspielraum befindet. Den haben wir nicht in der Hand, den Tim.
Nur uns. Sprich, Luisa.
Das Thema »Selbstbild« habe ich in all meinen Büchern schon ausführlich behandelt, daher möchte ich es an dieser Stelle kurz halten und zusammenfassend sagen:
Wenn Sie wissen, wer Sie sind und was Sie können, dann passen Sie gar nicht auf das hohe Ross. Von da oben sind Sie nämlich nicht auf Augenhöhe mit Ihren Mitmenschen. Das sollten wir aber immer, immer sein, um weiterwachsen zu können. Und auch nicht ehrlich sich selbst gegenüber, weil Sie sich womöglich über- oder natürlich auch unterschätzen, in jedem Fall nicht offen dafür sind, ein eigenes Manko zu reduzieren oder auszugleichen.
Wir sind alle gleich viel (oder, besser, gleich wenig) wichtig. Das kommt bei der realistischen Suche nach dem eigenen Selbstbild heraus, kann ich Ihnen schon verraten, bevor Sie loslegen.
Jeder und jedem von uns steht nur eine begrenzte Lebenszeit zur Verfügung, und wenn Sie mich fragen, tun wir gut daran, diese bestmöglich zu nutzen. Und das inkludiert: Bauen Sie sich Ihr Selbstbild mit dem dazugehörigen Selbstvertrauen auf! Ganz für sich allein. Mit allem, was dazugehört. Dann erkennen Sie auch rechtzeitig, dass Sie an allem, was Sie zu hören bekommen, im Prinzip nur wachsen können. Vielleicht ist Tim der bessere Profi für PowerPoint. Super. Nutzen Sie das und lernen Sie dazu! Auch das schafft Selbstvertrauen für die nächste Präsentation.
Wenn Sie aber in jedem schwierigen Gespräch, bei jeder Konfrontation Ihre Energie darauf verschwenden, nur Ihren Stand-

punkt zu vertreten, dann sind Sie am Ende des Tages ausgelaugt und leider inhaltlich keinen Schritt weiter.

• •

Basis No. 4: Runter vom hohen Ross
- Sie sind wichtig.
- Sie werden gehört.
- Fehler machen schließt das nicht aus.
- Auf seinem eigenen Standpunkt zu beharren, bringt uns nicht weiter.

• •

Basis No. 1: Vertrauen
Basis No. 2: Die richtige Atmosphäre
Basis No. 3: Der richtige Tonfall
Basis No. 4: Runter vom hohen Ross

• •

Anmerkung am Rande: Obwohl wir Tim nicht in der Hand haben, schauen wir uns später noch an, wie dieser seine Äußerung so hätte formulieren können, dass Luisa nicht in die Rechtfertigungsposition gekommen wäre.

Basis No. 5: Unser Menschenbild

Kommen wir noch einmal auf Luisa und Tim zurück. Wie hat Luisa Tim für sich abgespeichert?
Luisa und Tim arbeiten gemeinsam an einem Projekt. Dies inkludiert regelmäßige Updates an ihren Chef. Während Luisa generell **eher still und zurückhaltend** ist, stürmt **Tim oft laut** voran.

Daher wird er, so nimmt Luisa es wahr, von ihrem Vorgesetzten auch eher **gehört**. Es ärgert sie **wahnsinnig, dass er alle Lorbeeren für ihre gemeinsame Arbeit erntet**, nur weil er es immer wieder schafft, sich selbst in ein **besseres Licht zu rücken**. Dabei hat Luisa insgeheim den Eindruck, als würde sie den Großteil der Arbeit machen und **Tim kassiere das Lob und die Anerkennung** dafür.

Glauben Sie, die Geschichte wäre anders verlaufen, wenn Luisa Tim so sehen würde:

Ihr Kollege, nennen wir ihn Tim, ist lauter als sie. Sie mag genau das zu ihr Gegensätzliche an ihm so gern und findet es jedes Mal faszinierend, wie er allein durch diese Fähigkeit Blicke und Aufmerksamkeit auf sich zieht. Dass sie jetzt dieses Projekt gemeinsam machen können, sieht Luisa als große Chance, denn wer weiß, was sie dabei von Tim lernen kann.

Wie, glauben Sie, hätte Luisa dann auf »Das Diagramm so zu gestalten, es noch dazu an dieser Stelle in der Präsentation einzubauen, ist falsch« reagiert? (Wir lassen den Einwurf von Tim im Moment noch, wie er ist, denn Tim hat sich bisher nicht geändert, nur Luisas Wahrnehmung.) Glauben Sie, dass Luisa Tims Einwurf unter dieser Wahrnehmung als »scharfe Kritik« oder als »gut gemeinten Tipp für eine gelungene Präsentation« empfunden hätte?

Und damit kommen wir zu einer weiteren wichtigen, wenn nicht gar *der wichtigsten* Basis von guter Kommunikation: **das eigens geprägte Menschenbild.**

Lassen Sie uns kurz in uns gehen und dies gemeinsam überprüfen:

Welche Wörter assoziieren Sie spontan mit »Mensch«?
Welche Adjektive fallen Ihnen spontan dazu ein?

Glauben Sie, dass es gute und schlechte Menschen gibt?
Glauben Sie, dass Sie schlechte Menschen besonders anziehen?
Glauben Sie, dass es Glückspilze und Pechvögel gibt?
Und, wenn ja, wo sortieren Sie sich ein?
Glauben Sie, dass die allermeisten Menschen in Frieden und Glück leben wollen?
Oder glauben Sie, dass der Mensch unberechenbar und stets nur auf seinen eigenen Vorteil bedacht ist?
Und was glauben Sie, woran orientiert sich dieses Ihr Menschenbild? (Lassen Sie vielleicht Ihre zahlreichen schlechten Erfahrungen an ein schlechtes Menschenbild glauben?)
Um es auf den Punkt zu bringen: Glauben Sie im Gesamten an eine gute oder schlechte Menschheit?

Von dieser Antwort ausgehend, meine Damen, ändert sich alles. Ich schwöre Ihnen: alles!

Anmerkung am Rande: Achtung, jetzt wird's wieder unbequem! Streng genommen kann ich nur so schlecht von Menschen denken, wie in mir selbst Schlechtes schlummert. Immerhin bin ich ja auch nur ein Mensch.

Schlechte Erfahrungen auf Reset
Kennen Sie diesen kleinen Knopf an elektronischen Geräten? Den man mit einem spitzen Gegenstand für mehrere Sekunden drücken muss, damit sich das Gerät neu hochfährt. Gern mit dem Hinweis: »Wurde auf Werkseinstellung zurückgesetzt.« Lassen Sie uns all unsere negativen Erfahrungen doch auch einfach resetten. Denn natürlich werden auch Sie schon schlechte Erfahrungen gesammelt haben. Und die haben Sie nicht wegen Ihres schlechten Menschenbildes gemacht, sondern, weil Ihr Gegenüber ein Idiot war. Aber dieser Idiot darf

nicht dafür sorgen, dass Sie in anderen Menschen auch erst mal immer einen Idioten vermuten.
Lassen Sie alles Schlechte los und ziehen Sie alles Gute an! Klingt esoterisch, ist es aber gar nicht. Sie lassen nur einfach nicht zu, dass schlechte Menschen an Ihrem Menschenbild ruckeln.

Aber wie kann, darf, soll muss denn unser Menschenbild geprägt sein?
Tja, das ist eine Frage, die letztlich jeder und jede für sich beantworten muss.
Ich kann Ihnen an dieser Stelle nur meine Einstellung dazu verraten: Ich halte es da, wie wir Kölner/-innen das nun mal tun: Jeder Jeck es anders, und jeder es anders jeck. Punkt. Ach, warten Sie! Ich füge noch ein weiteres Zitat hinzu: »Herr, hilf mir, denen zu vergeben, die anders sündigen als ich« (Bibelvers). Damit wäre für mich alles gesagt.
Wenn man nämlich erst mal vom hohen Ross abgestiegen ist, wird der Blick auf die Menschheit sehr gütig. Ich unterstelle jedem also erst mal das Beste. Tim unterstelle ich, dass er ein lustiger, wenn auch lauter Kerl ist, der gern gelobt wird. Wie ich. Dem Arzt, der mir damals »In Ihrer Haut möchte ich nicht stecken« reindrückte, unterstelle ich einfach, dass er beim Empathieseminar an entscheidender Stelle eingedöst ist. Und Wegdösen, auch das kenne ich von mir selbst. Lukas, der mit »Du glaubst mir ja eh nie«, unterstelle ich, dass seine Nerven in dem Moment unglaublich dünn sind und er sich ungerecht behandelt fühlt. Ein Gefühl, das ich gut nachvollziehen kann. Merken Sie es?
Jeder Jeck ist anders. Und jeder ist anders jeck. Im Prinzip unterscheiden wir uns aber kaum. Zumindest auf der Gefühlsebene. Wenn Sie die ein oder andere Handlung auch nicht gleich nachvollziehen können, so doch bestimmt die Gefühle,

die sich dahinter verstecken und eine Aktion ausgelöst haben. Und, schwups, werden Sie erkennen, dass wir uns, wenn wir es auf die Gefühle runterbrechen, alle doch sehr ähneln. Da gibt es nichts, was wir nicht auch schon mal gefühlt hätten. Wir sind also allesamt nur *menschlich* und handeln am Ende auch so. Glauben Sie mir: Diese Erkenntnis hilft immens dabei, ein sanfteres Menschenbild zu erlangen.

Der erste Schritt zum **Reset** für Sie könnte sein: Nehmen Sie sich ein bisschen Zeit und überlegen Sie ganz ehrlich, wie Ihr Menschenbild geprägt ist. Vergessen Sie nicht: Diese Prägung ist die Brille, durch die Sie die Welt sehen. Wie viel von dieser Prägung hält aber dem Realitätscheck stand, und was projizieren Sie hinein: Wie viel Unterstellungen sind dabei? Und was davon können Sie bereinigen, wenn Sie es erst einmal erkannt haben? Das bloße Erkennen, dass möglicherweise eine Menge von dem, wie wir uns gesehen und behandelt fühlen, an unserer eigenen Wahrnehmung liegt, kann Ihr Leben verändern – und natürlich Ihr Menschenbild.

Anmerkung am Rande für Stammleserinnen: Auf der Suche nach dem Glück sprachen wir schon über die Wahrnehmung. Hätten Sie gedacht, dass uns diese auch so sehr in Sachen »Kommunikation« weiterhelfen kann?

· ·

Basis No. 5: Unser Menschenbild
- Ihr Bild vom Menschen prägt Ihre Wahrnehmung.
- Was glauben Sie, mit welcher Intention der Mensch unterwegs ist, was unterstellen Sie ihm vielleicht?
- Diese ehrliche Einschätzung hilft Ihnen dabei, eine Gesamtsituation gegebenenfalls anders zu bewerten.

- Mithilfe des Resetknopfes schaffen wir es auch, bewertungsfrei unterwegs zu sein und die schlechte Erfahrung von gestern nicht auf das Heute zu beziehen.

• •

Basis No. 1: Vertrauen
Basis No. 2: Die richtige Atmosphäre
Basis No. 3: Der richtige Tonfall
Basis No. 4: Runter vom hohen Ross
Basis No. 5: Unser Menschenbild

• •

Der Zebrastreifen

Das Setting: Madame Staudinger im Auto, natürlich in Hetze, natürlich geht mir alles zu langsam. Ich nähere mich einem Zebrastreifen in einer, tja, vielleicht zügigen, aber nicht rasenden Geschwindigkeit. Wie aus dem Nichts tauchen zwei Jungs auf dem Fahrrad auf dem Zebrastreifen auf. Mir bleibt nur eine wirklich ganz knappe Vollbremsung. Ich erschrecke mich zutiefst, die Jungs auch, und wir stehen voreinander und starren uns an.
Aus dem offenen Fenster rufe ich: »Ey, Jungs, das hätte ganz schön in die Hose gehen können. Ihr könnt doch nicht so einfach auf den Zebrastreifen rasen!«
Einer von ihnen antwortet mir mit selbstbewusstem, festem, nicht unfreundlichem Tonfall: »Wenn Sie nicht so schnell auf den Zebrastreifen zugefahren wären, hätten Sie auch nicht so scharf bremsen müssen.«
Ich bin unglaublich von seiner Art beeindruckt, mir seine Mei-

nung zu sagen, und fühle mich natürlich auch ein bisschen erwischt.
»Äääähm, ja, vielleicht. Einigen wir uns darauf: Ihr seid in Zukunft ein bisschen vorsichtiger und ich ein bisschen langsamer, okay?«
»Abgemacht!«
Und weg düsen sie.
Diese Situation ist ungefähr vier Jahre her, und ich denke heute noch so oft daran zurück. Denn: Was man aus ihr alles lernen kann!
Besonders Basis No. 4 und die gleich noch folgende No. 6 kommen hier zum Tragen. Aber widmen wir uns zuerst der uns bereits bekannten: Runter vom hohen Ross! Denn: Der junge Mann hatte ja vollkommen recht. Hätte ich aber auf meinem hohen Ross gesessen, dann hätte ich wohlmöglich mit »Was fällt euch ein? Ihr müsst auf dem Bürgersteig und am Zebrastreifen erst recht gefälligst absteigen!« geantwortet.
Je nachdem wie hoch das Ross ist, hätte auch ein »Wo kommen wir denn dahin, dass mir jetzt schon Jungens erzählen, wie ich zu fahren habe?!« ertönen können.
Mit welcher Konsequenz?
Die Jungs hätten im besten Fall den Kopf geschüttelt und mir im schlimmsten den Mittelfinger gezeigt und wären davongedüst.
Aber hier ist die Geschichte nicht zu Ende. Sie hätten vielleicht ihren Kumpels davon erzählt, und die hätten »Immer diese Scheiß-Autofahrer!« beigepflichtet, und so hätte sich fast unmerklich ein Mosaiksteinchen in das Menschenbild eines jungen Mannes eingefügt.
Und in meines ja auch. Denn ich hätte später einer Freundin erzählt: »Stell dir mal vor, da rasen zwei Jungs auf den Zebrastreifen, ohne abzusteigen, und dann zeigen die mir noch den

Mittelfinger!« Gerade in der Wiederholung solcher Alltagsgeschichten vergessen wir nur allzu gern unsere eigene Rolle darin ... Und meine Gesprächspartnerin hätte vielleicht »Typisch junge Leute, was? Keine Verantwortung und null Respekt« geantwortet. Wir wären mittendrin gewesen in der schönsten politischen Grundsatzdiskussion und, zack – auch unser Menschenbild wäre um noch ein kleines Mosaikteil reicher geworden.
Würde ich zum Abschweifen tendieren, meine Damen, dann könnten wir noch lange über den Zusammenhang zwischen der Unzufriedenheit der Menschheit und der Verwechslung mit politischen Problemen quatschen. Aber Abschweifen ist ja so gar nicht meins ...

Anstatt dass wir uns aber in diesen Teufelskreis begeben hätten, haben alle Beteiligten sofort, und das war wirklich erstaunlich, ihr eigenes Fehlverhalten erkannt, sich in die Augen geschaut, Besserung gelobt und sind weitergefahren. Mit einem guten Gefühl.
Sie können mir glauben, dass ich seitdem an jedem Zebrastreifen an die beiden Jungs denke, und ich habe die Hoffnung, dass auch sie seitdem noch besser achtgeben auf ihren Wegen. So schnell kann sich ein Menschenbild, eine Prägung, ja sogar die Geschichte wandeln. Und noch etwas kann mit etwas Glück passieren. Im allerbesten Fall haben die Jungs erkannt: In einem ordentlichen Ton kann ich einem Erwachsenen etwas sagen. Dann werde ich ernst genommen und kann darauf vertrauen, dass meine Stimme gehört wird. Gute Kommunikation zahlt auf so vieles ein!
Damit die Jungs die letzte Überzeugung, »Meine Stimme wird gehört«, aber wirklich erfahren können, braucht es eine weitere Basis.

Basis No. 6: Zuhören

Damit mein Gegenüber gehört werden kann, muss *ich* zuhören. Eine Fähigkeit, die die meisten von uns in die Wiege gelegt bekommen haben, doch die wenigsten nutzen. Zumindest nicht gänzlich. Denn Zuhören allein reicht nicht, es muss ohne das »hohe Ross« und mit dem richtigen Menschenbild geschehen. Nur ein Menschenfreund hat automatisch aufrichtiges Interesse an seinem Gegenüber.
Ich gehe sogar so weit, zu sagen: Wenn ich mich für eine Definition von guter Kommunikation entscheiden müsste, dann wäre es diese hier:

Gute Kommunikation ist aufrichtiges Interesse am Gegenüber. Alles andere kommt dann nämlich von allein.

Aber beobachten Sie bitte mal, wie Menschen in der Regel kommunizieren. Wie oft hören wir nur zu, damit wir danach selbst reden können? Denn, Sie erinnern sich: Wir wollen wichtig sein. Und um unsere Meinung, unser Wissen, unsere Einstellung zu verbreiten, die natürlich richtig ist, ist Reden unabdingbar. Meinen wir. Aber: Viel reden und dabei wenig sagen ist eine ziemlich nervige Kombination, die noch dazu niemanden voranbringt und niemandem nützt (außer vielleicht unserem eigenen Ego). Von daher: Lehnen Sie sich zurück und hören Sie zu! Gehen Sie in jedes Gespräch mit der Einstellung hinein: Wer weiß, was ich hier heute alles Wichtiges für mein Leben erfahre?!

Später, bei den »Techniken« (ab Seite 71), schauen wir uns die Kunst des Zuhörens noch weiter an. Bis dahin fasse ich zusammen:

Basis No. 6: Zuhören
- Hören Sie erst mal nur zu und lassen Sie Ihre Mitmenschen ausreden.
- Versuchen Sie, aktiv Ihre eigene Redezeit zu verringern.
- Jeder Mensch hat seine Geschichte, und unsere eigene ist mitunter gar nicht die spannendste. Lassen Sie uns lieber von Folgendem ausgehen: Es ist die unseres Gegenübers.

Basis No. 1: Vertrauen
Basis No. 2: Die richtige Atmosphäre
Basis No. 3: Der richtige Tonfall
Basis No. 4: Runter vom hohen Ross
Basis No. 5: Unser Menschenbild
Basis No. 6: Zuhören

Basis No. 7: Ziele setzen – Was will ich wirklich?

Sie erinnern sich an meine Finanzamtanekdote. Wenn ich mir vorher ernsthaft darüber Gedanken gemacht hätte, was ich wirklich will (oder auch *nicht* will), dann wäre mir dieser Ausrutscher nicht passiert. So machte es aber den Eindruck, als hätte ich nur Frau Müller beleidigen und demütigen wollen, um meinem eigenen Frust Luft zu machen. Das entsprach tatsächlich aber weder meinem Wunsch noch meinem Naturell. Nehmen Sie sich daher die Zeit und überlegen Sie *vor* einem wichtigen Gespräch oder einem offenen Meinungsaustausch genau:

Was will ich?
Bei unserem Beispiel »Finanzamt« wäre dann vielleicht Folgendes herausgekommen:
- Ich will, dass man mir hilft, dass mir ein bisschen Last von den Schultern genommen wird.
- Ich will niemanden beleidigen.
- Ich will die Beziehung zu meinem Gegenüber *nicht* nachhaltig belasten oder gar zerstören.

Wenn ich mir diese Gedanken vor dem Gespräch gemacht hätte, dann hätte ich garantiert nicht die Formulierung »Dann muss ich an Ihrem gesunden Menschenverstand zweifeln« gewählt, denn die zahlt auf keinen der oberen, mir eigentlich wichtigen Punkte ein. Stattdessen hätte ich mir erst mal die nächste Frage gestellt: **Wie erreiche ich das, was ich wirklich will?**
Neben all den Basispunkten für gute Kommunikation, die ich berücksichtigt hätte, hätte ich meine Strategie beispielsweise noch um einen konkreten Vorschlag, wie einen Ratenzahlungsplan, erweitert. Wäre ich mit Lösungen statt mit Beleidigungen um die Ecke gekommen.

Anmerkung am Rande: Die Frage »Was will ich wirklich?« dürfen Sie auch gern ganz grundsätzlich im Leben für sich klären. Immer wieder aufs Neue. Denn die Antworten fallen in den unterschiedlichen Lebensphasen anders aus.
Wir haben uns diese Frage in meinem letzten Buch schon in Bezug auf das Glück gestellt. Stellen Sie sie sich auch gern in Bezug auf Kommunikation.
Diese Grundsatzklärung kann Ihnen zu neuen Techniken verhelfen. Seien Sie gespannt!

Ätschi

Wenn Sie ganz, ganz, ganz ehrlich mit sich sind, dann erkennen Sie hier und da vielleicht auch, dass Sie Ihrem Gegenüber nur eins »auswischen« wollen. Nicht immer sind unsere eigenen Ziele so edelmütig, wie wir es gern hätten.

»Wo kommen wir denn dahin, wenn ich mir so was gefallen lasse?«
»Der wird mich schon noch kennenlernen!«
»Dem sag ich jetzt mal, was ich von ihm halte.«
»Hier geht es ums Prinzip.«
»Was glaubt der eigentlich, wer er ist?!«

Diese, ich nenne sie jetzt mal »nachvollziehbaren niederen Beweggründe« rechtfertigen wir nach außen gern mit einem: »Ich habe so einen ausgeprägten Gerechtigkeitssinn.« Den glaube ich tatsächlich aber nur den allerwenigsten Menschen. Der Einfachhalt halber geben wir den »nachvollziehbaren niederen Beweggründen« einen etwas einfacheren Namen: Ätschi.

»Nachvollziehbar« übrigens deswegen, weil wir das doch alle schon mal wollten. Ich glaube, es kann sich niemand davon freisprechen, das Bedürfnis gehabt zu haben, es jemandem »zeigen zu wollen«. Dem vorangegangen ist meist eine schlechte oder gar keine Kommunikation. Wir kommen später noch mal in »Ätschi ist teuer« (Seite 181) darauf zu sprechen.

Wenn Sie also ehrlich mit sich selbst sind und erkennen, dass die »Was will ich wirklich?«-Frage noch gar nicht geklärt ist oder Sie noch im Ätschi-Modus stecken, kommen Sie vielleicht zu dem Schluss, dass die bisherige Herangehensweise Ihrer Kommunikation gar nicht zielführend war. Druck abzubauen dient nämlich nicht der Konfliktlösung, sondern nur dem, genau: Druckabbau. Das könnten Sie streng genommen auch beim Sport, Tanzen oder Geschirrzerdeppern erreichen. Darum ergänzen wir unseren Basispunkt sechs, »Was will ich wirklich?«, um eine wichtige Frage: Was ist mein eigentliches Ziel? Ist es überhaupt schon eines, oder stecke ich noch im Ätschi-Modus fest?

....

Basis No. 7: Ziele setzen – Was will ich wirklich?
- Was will ich inhaltlich rüberbringen?
- Was will ich für die Beziehung? Sei es im beruflichen Kontext, in einer Ehe, für die Freundschaft.

Für den beruflichen Kontext:
- Erstellen Sie eine Agenda für die Mitarbeiter/-innen.
- Stellen *Sie* sich die Fragen: Was ist heute Thema? Wie lange habe ich Zeit? Welche Mittel stehen mir zur Verfügung? Was soll heute entschieden werden? Und auch: Was ist heute nicht das Thema?

....

Basis No. 1: Vertrauen
Basis No. 2: Die richtige Atmosphäre
Basis No. 3: Der richtige Tonfall
Basis No. 4: Runter vom hohen Ross
Basis No. 5: Unser Menschenbild
Basis No. 6: Zuhören
Basis No. 7: Ziele setzen – Was will ich wirklich?

....

Fazit Teil 1:
Die Grundierung in der Übersicht

Vertrauen
Die richtige Atmosphäre
Der richtige Tonfall
Runter vom hohen Ross
Unser Menschenbild
Zuhören
Ziele setzen – Was will ich wirklich?

Damit hätten wir unsere Grundierung für unsere gute Kommunikation. Nicht in jeder Situation wiegt jeder Punkt gleichermaßen schwer, ein anderer darum umso schwerer, und wie immer gilt: Nichts ist je in Stein gemeißelt.
Beobachten Sie sich gern selbst dabei, welche Basispunkte Ihnen besonders liegen, und setzen Sie einen besonderen Fokus darauf; und wenden Sie auch solche an, die dieses Buch vielleicht gar nicht aufgreift.

Berichten Sie mir bitte gern davon per Mail, denn es interessiert mich wirklich brennend: hallo@nicolestaudinger.de

Teil 2:
Die Techniken

Technik No. 1: Mitnehmen

Was nützt Ihnen die beste Idee, wenn Sie Ihr Team nicht mitgezogen bekommen? Oder wenn Sie den wundervollen Geistesblitz haben, dass ein Urlaub in den Bergen genau das Richtige für die Familie ist, dann ist das in erster Linie mal Ihr alleiniger Geistesblitz. Beim Verkünden des Vorschlags im Familienrat stößt er aber nicht selten auf Widerstand.

Wir kennen es im Kleinen wie im Großen. Ob in der Familie, unter Freunden oder in Firmen jeglicher Größe: Wir sind darauf angewiesen, dass unsere Mitmenschen Entscheidungen mittragen, verkörpern und letztlich leben, damit sie erfolgreich sind beziehungsweise überhaupt umgesetzt werden können. Aber wie können wir das erreichen?

Das Setting: Folgendes bekam ich als Trainerin in einem mittelständischen Unternehmen mit (natürlich wurden Branche und Namen verändert): Der mittelgroße Stromkonzern ALB entschließt sich dazu, den ortsansässigen, nicht so kleinen Fußballverein (2. Bundesliga) zu sponsern. Besser: Der Geschäftsführer selbst entscheidet sich dazu, aus vermeintlich guten Gründen. »Der Verein hat eine lange Tradition, und es ist nicht zu unterschätzen, wie diese Unterstützung auf unsere Endkunden wirken wird – gut fürs Image, würde ich sagen. Es macht einfach immer einen guten, vertrauenswürdigen Eindruck, wenn man als Unternehmen die direkte Umgebung unterstützt. Außerdem ist in unserem Sponsorpaket der Ausbau einer kleinen Lounge enthalten. Hierhin können wir wunderbar Geschäftskunden einladen, mit ihnen in ungezwungener Atmosphäre neue Ideen entstehen lassen und letztlich Networking betreiben. Aus meiner Sicht passt dieses Sponsoring also ganz wunderbar in unsere Firmenphilosophie.«

Der Geschäftsführer will die frohe Kunde seinem Team überbringen, dazu hat er mit der Marketingleitung und seinem Pressesprecher eine emotionale Präsentation vorbereitet. Er ruft die gut siebzig Mitarbeiter/-innen zusammen und freut sich innerlich auf ihre strahlenden Augen.

»(…) und deswegen freuen wir uns, dass wir ab nächster Saison mit zu den Hauptsponsoren des FC XY gehören …«, ruft er am Ende seines Vortrags enthusiastisch seinen Leuten zu. Er erwartet Begeisterungsstürme und Applaus.

Letzterer kommt auch, aber längst nicht so stark, wie er das erwartet hat. Stattdessen entsteht vor allem viel Gemurmel. Unzufriedenes Gemurmel. Um die Atmosphäre vertrauensvoll zu halten, fragt der Redner nach: »Haben Sie an dieser Stelle Fragen?«

Keiner traut sich, laut das Wort zu erheben.

»Es macht den Eindruck, als stünden einige Fragen im Raum«, bemerkt der erfahrene Geschäftsführer richtig.

Endlich fasst sich ein leitender Angestellter ein Herz: »Mich würde interessieren, aus welchem Topf wir das bezahlen? Also, ich meine, uns wird die ganze Zeit erzählt, wir müssten sparen, und plötzlich sollen Investitionen getätigt werden. Sie haben ja nicht genau gesagt, wie teuer der Spaß wird, aber wir können uns alle denken, dass es auf jeden Fall nicht günstig wird.«

Ein weiterer Mitarbeiter steht, bestärkt durch seinen Vorredner, auf und ruft aufgebracht: »Das Weihnachtsgeld wird uns gestrichen, aber Hauptsache, die Kunden haben jetzt einen Platz in der Lounge!«

Die Situation gerät für den Geschäftsführer sichtlich außer Kontrolle. Er steht mit dem Rücken zur Wand beziehungsweise mit seinem engsten Stab auf der Bühne und ist ziemlich perplex, weil er mit einer ganz anderen Reaktion gerechnet hat.

Eine mögliche Reaktion seinerseits könnte jetzt sein:
Rechtfertigung: »Also, ich hatte eigentlich angenommen, Sie wären genauso begeistert wie ich. Sie wissen doch, wie gut so ein Sponsoring ankommt, und Sie kennen die Zahlen. Wir müssen etwas tun für unsere Kundenbindung. Wenn Sie bessere Ideen haben, bitte sehr, ich bin ganz Ohr!«
Mögliche Antworten vonseiten der Mitarbeiter/-innen wären: »Wenn man uns gefragt hätte, wären da bestimmt bessere Ideen bei rumgekommen«, oder vielleicht: »Typisch, dass ihr da oben eher an den Kunden als an eure eigenen Leute denkt!«
Achtung: Formulierungen wie »Ihr da oben« und »Wir hier unten« deuten auf große Unzufriedenheit hin!
Die Rechtfertigungsposition des Geschäftsführers ist eine extrem undankbare, weil sie hilflos daherkommt. In unserer Beispielkonstellation ist sie noch weniger sinnvoll, weil es sich in so großer Runde sowieso nicht diskutieren lässt.

Was wirklich geschah: Obwohl er ein wirklich erfahrener Geschäftsführer ist, entscheidet er sich zur Beendigung des Gesprächs, was mir wie eine Flucht erscheint: »Für Fragen steht Ihnen gern Herr Meier (der Pressesprecher) zur Verfügung.« Und damit ist das Thema vom Tisch, und man geht zum nächsten Punkt der Agenda über.
Was, glauben Sie, ist dann passiert? Mit welcher Einstellung ist die Belegschaft anschließend wieder an die Arbeit gegangen? Glauben Sie, dass die Mitarbeiter/-innen an diesem Tag aus vollem Herzen für ihr Unternehmen gearbeitet haben? Und: Sollte das aber nicht das höchste Ziel einer guten Unternehmensleitung sein?

Wir schauen uns gleich natürlich an, wie wir eine solch schiefgegangene Kommunikation vielleicht im Vorhinein hätten ver-

meiden können. Aber auch wenn das Kind schon in den Brunnen gefallen zu sein scheint, gibt es mögliche Wege zur Rettung:
Ausgangssituation: »Mich würde interessieren, aus welchem Topf wir das bezahlen? Also, ich meine, uns wird die ganze Zeit erzählt, wir müssten sparen, und plötzlich sollen Investitionen getätigt werden. Sie haben ja nicht genau gesagt, wie teuer der Spaß wird, aber wir können uns alle denken, dass es auf jeden Fall nicht günstig wird.« – »Das Weihnachtsgeld wird uns gestrichen, aber Hauptsache, die Kunden haben jetzt einen Platz in der Lounge!«

Klarstellung ohne Rechtfertigung
Basis: Vertrauen/Runter vom hohen Ross/Unser Menschenbild/Zuhören

»Vielen Dank für Ihren Einwand und Ihre Perspektive. Damit sprechen Sie vermutlich vielen Ihrer Kollegen und Kolleginnen aus der Seele.«
Denn: Es zeugt doch tatsächlich von Vertrauen, dass dem Geschäftsführer so etwas unverblümt ins Gesicht gesagt wird. Und nicht in der Mittagspause in kleiner Runde hinter seinem Rücken getuschelt wird. Wenn er mit seinem Menschenbild davon ausgeht, dass der Mitarbeiter zuallererst das Beste für sein Team und seine Firma will, ist es kein Einwand, sondern eine völlig berechtigte Sorge, die der Geschäftsführer – vielleicht – gar nicht auf dem Schirm hatte. Da er in unserem Wunschszenario nicht mehr auf dem hohen Ross sitzt, kann er das auch erst mal geschehen lassen, auch wenn seine Perspektive eine andere ist. Dadurch, dass er sich bedankt, schafft er wiederum Vertrauen und das Gefühl, dass er die »Kritik« aushalten und vor allem zuhören kann. Das ist die Grundlage für seine Sicht der Dinge, die er hier erklärt: »Ich möchte auf kei-

nen Fall, dass der Eindruck entsteht, dass wir mit zweierlei Maß messen und dass uns Ihre Bedürfnisse nicht wichtig sind. Denn das sind sie, Sie sind uns wichtig! Darauf können Sie vertrauen. Aber, wie Sie richtig erkannt haben, müssen wir uns natürlich weiterentwickeln, um wettbewerbsfähig zu bleiben. Darum ist dieses Sponsoring weniger als Investition in die Neukundenakquise als vielmehr in die Zukunft der Firma zu verstehen. Und dadurch in Sie.«

Alternativen
Ohne Sie »überfordern« zu wollen, hier noch ein paar andere Formulierungen, wie Sie die Situation händeln können:
- »Ich will/möchte/Ich will nicht/möchte nicht«-Formulierungen: »Ich will nicht, dass Sie sich nicht ernst genommen fühlen, ich will, dass wir eine neue Form der Kundenbindung entdecken«, oder: »Ich möchte nicht, dass der Eindruck entsteht, dass ...«
- Das Argument des Gegenübers aufnehmen, dann erst den eigenen Blickwinkel einbringen: »Für Sie mag es so rübergekommen sein, als ob ... unser Ziel ist es jedoch ...«

Kommen wir jetzt dazu, was unser Geschäftsführer von Anfang an hätte anders machen können, um gar nicht erst in eine Situation wie die oben geschilderte zu schlittern.
Unser Geschäftsführer hat sich zwar umfassende Gedanken zu seinem Sponsoringprojekt gemacht: »Der Verein hat eine lange Tradition, und es ist nicht zu unterschätzen, wie diese Unterstützung auf unsere Endkunden wirken wird – gut fürs Image, würde ich sagen. Es macht einfach immer einen guten, vertrauenswürdigen Eindruck, wenn man als Unternehmen die direkte Umgebung unterstützt. Außerdem ist in unserem Sponsorpaket der Ausbau einer kleinen Lounge enthalten.

Hierhin können wir wunderbar Geschäftskunden einladen, mit ihnen in ungezwungener Atmosphäre neue Ideen entstehen lassen und letztlich Networking betreiben. Aus meiner Sicht passt dieses Sponsoring also ganz wunderbar in unsere Firmenphilosophie.«

Er hat bestimmt in vielen Dingen »recht«, als Geschäftsführer hat er garantiert einen guten Überblick, *aber* vielleicht übersieht er auch ein paar wichtige Details, denn letztlich ist es nur seine Perspektive. Für die gerechte Entscheidungsfindung ist es aber sicherlich hilfreich, auch andere Blickwinkel zu erfahren. Was es hierfür braucht? Sie können es sich vermutlich schon denken: unsere Grundierung.

Vertrauen:
Ich habe Vertrauen in meine Mitarbeiter, dass sie das Wissen, die Kompetenz und den Willen besitzen, sich mit mir gemeinsam Gedanken zur Neukundengewinnung im Speziellen und zur Stärkung des Unternehmens im Ganzen zu machen.

Runter vom hohen Ross:
Ja, ich habe eine Idee, aber ob ich alle Fürs und Widers bedacht habe, weiß ich nicht. Vielleicht habe ich etwas übersehen, was die anderen aus ihrer Perspektive besser beurteilen können.

Das Menschenbild:
Ich unterstelle meinen Mitarbeitern und Mitarbeiterinnen, die ich schließlich ausgesucht habe, die Kompetenz und Ehrlichkeit, um mir bei der Entscheidungsfindung zu helfen.

Zuhören:
Ich werde ihnen zuhören und, wenn nötig, interessiert nachfragen.

Atmosphäre:
Damit das alles geschehen kann, werde ich für eine vertrauensvolle Atmosphäre sorgen.

All das sind Punkte, die unseren Geschäftsführer dazu bewegen könnten, *vor* seiner Entscheidung einen freien Meinungsaustausch zu initiieren. Und zwar einen ergebnisoffenen Austausch, keinen nur vorgegebenen, in dem er sich eigentlich nur bestätigt hören will.

Damit das Meeting aber nicht in eine nicht enden wollende Diskussion ausufert, bei der letztendlich jeder und jede nur seinen und ihren Unmut kundtut, ohne zu einem zufriedenstellenden Ergebnis zu kommen, müsste sich unser Geschäftsführer vorab Folgendes genau überlegen,

Was will ich mit dem Meeting erreichen?
- Ich will eine zügige Entscheidung zum Thema »Sponsoring« und »Neukundenakquise« treffen.
- Ich möchte, dass meine Mitarbeiter/-innen diese Entscheidung mittragen.
- Ich will tatsächlich hören, wie meine Mitarbeiter/-innen zu meiner Idee in Sachen »Sponsoring« und »Neukundenakquise« stehen.
- Ich will hören, was es aus ihrer Sicht für Fürs und Widers gibt.
- Ich will wirklich erfahren, was meine Mitarbeiter an Ideen zur Neukundenakquise haben.
- Ich will das zwar gern von allen hören, mich aber nur in kleiner Runde ernsthaft und zielführend austauschen, denn ich will keine Grundsatzdiskussionen über schon beschlossene Maßnahmen, wie zum Beispiel Budgetkürzungen.

Wenn er das für sich festgelegt hat, mit unseren Basis-Erkenntnissen im Gepäck, dann könnte es vielleicht so weitergehen. Der Geschäftsführer würde vorab folgende Mail schreiben:
»Liebe leitende Angestellte, am kommenden Dienstag freue ich mich, wenn wir uns zum offenen Meinungsaustausch treffen könnten. Es geht um Ihre Ideen zur Neukundenakquise. Und nicht nur um Ihre, sondern auch um die wertvollen Ideen und Erfahrungen Ihres Teams. Sammeln Sie ergebnisoffen die Visionen und Vorstellungen, von denen Sie glauben, dass sie unserer Firma nützlich sein können.
Ich freue mich, diese am Dienstag zwischen 13–15 Uhr zu hören, um Ihnen im Anschluss für eine weitere halbe Stunde von meiner Idee zu berichten. Ich bin mir sicher, dass wir am späten Nachmittag eine wirkungsvolle Strategie für unser Unternehmen gefunden haben werden.«
So würde unser Geschäftsführer schon im Voraus und damit zu Beginn des Meetings für eine angenehme Atmosphäre sorgen, dafür, dass sich alle Mitarbeiter/-innen gehört fühlen, am besten noch für gesunde Snacks und gute Luft – und dann könnte er sein Team mit folgenden Worten begrüßen:
»Ich freue mich sehr, dass Sie alle gut vorbereitet gekommen sind und auf den Austausch. Damit wir zwischendurch nicht den Faden verlieren, hier noch mal unsere Agenda. *(Er nutzt dazu ein Flipchart, auf dem sie verschriftlicht ist.)*
Heute geht es um:
- Ihre neuen Ideen zur Kundenakquise
- Ihre Meinung zu meiner Idee

Als Zeitraum für unseren Austausch und die Entscheidungsfindung haben wir drei Stunden angesetzt.«

Jetzt wissen alle, worum es geht, und es kann losgehen.

Anmerkung am Rande: Der Geschäftsführer könnte auch klar thematisieren, worum es heute nicht gehen soll. Das könnte bei seinem Team aber implizieren, dass er unbequeme Dinge nicht ansprechen möchte. Er entscheidet nach seinem Gusto. Und sollte das Meeting doch abschweifen, kann er immer wieder auf das Flipchart verweisen und charmant anfügen: »Das ist ein interessanter Punkt für eine andere Diskussion.«

Sicherlich kostet so eine Art der Vorbereitung und auch des Austauschs Zeit und Kraft. Gar keine Frage. Aber die Mitarbeiter/-innen wieder einzufangen, wenn das Kind bereits in den Brunnen gefallen ist, kostet höchstwahrscheinlich noch viel mehr Zeit und Kraft.

Wenn Sie also in Zukunft die Möglichkeit haben, Ihre Leute sprichwörtlich mitzunehmen, tun Sie es! Und ganz, ganz sicher werden Punkte zur Sprache kommen, die Sie so noch nicht bedacht haben.

Am Ende eines solchen Meetings können Sie beispielsweise die demokratische Abstimmung wählen. Dann kommt es zu einer zügigen Entscheidung, es hatte aber jeder die Möglichkeit, vorab gehört und für wichtig genommen zu werden.

• •

Technik No. 1: Mitnehmen
- Ermöglichen Sie einen offenen Meinungsaustausch, aber mit einem klaren Ziel und einer klaren Agenda.
- Loben Sie für das konstruktiv Gesagte! Es steht für Vertrauen.
- Zweifeln Sie nicht an der Wahrnehmung Ihres Gegenübers. Es ist sein Menschenbild. Sorgen Sie dafür, dass jetzt ein gutes, neues Mosaikstück dazukommt.
- Dafür kommen Sie aus der Rechtfertigungsposition heraus und stellen Sie schlicht Ihren Blickwinkel klar.

- Rücken Sie gleichzeitig nicht von Ihrem Ziel (»Was will ich wirklich?«, Seite 65) ab. Sie sind der Chef und die Chefin (ob in einer Firma oder in Ihrer Familie), Sie müssen Entscheidungen treffen.

Technik No. 1: Mitnehmen

Technik No. 2: Nichts überstülpen

Ihre MitarbeiterInnen, Ihr Team, die Familie, Freunde, kurzum: wen auch immer »richtig mitzunehmen« ist nicht nur eine Technik, sondern eine *Kunst*.

Das genaue Gegenteil von »bei etwas mitgenommen werden« ist übrigens »etwas übergestülpt bekommen«. Und Menschen, denen das passiert, werden immer nur aus Gehorsam agieren, nie aus Überzeugung.

Wenn Menschen gegen ihre eigene und nur aufgrund der Überzeugung von jemand anderem zum Handeln »gezwungen« werden und dieser Weg dann schiefgeht, können Sie die Uhr danach stellen, dass Sie so etwas zu hören bekommen:

»Das habe ich ja gleich gesagt.«

»Das sage ich schon seit zwanzig Jahren.«

»Wusste ich schon, mich hat ja aber keiner gefragt.«

Weil die Menschen dann nur auf den kleinsten Fehltritt warten, in dem sie sich in ihrer Meinung und ursprünglichen Überzeugung bestätigt fühlen.

In unserem Sponsorenbeispiel sind es die »Die da oben, wir hier unten«-Formulierungen, die den Entscheider oder die Entscheiderin in die undankbare Rechtfertigungsposition schubsen.

Etwas übergestülpt zu bekommen raubt uns die eigene Handlungsvollmacht. Die Selbstbestimmtheit, und wenn sie nur im Kleinen daherkommt über das Aussprechen der eigenen Meinung. Unsere Selbstbestimmtheit gleitet uns aus den Händen, und das lässt uns ad hoc mit dem Rücken zur Wand stehen – der Killer für jede vertrauensvolle und gute Kommunikation.

Erinnern wir uns noch mal an Luisa und Tim: »Das ist falsch« hat unserer guten Kommunikation das Genick gebrochen.
Wir haben uns bisher nur Luisa angeschaut und wie sie mit dem »richtigen« Menschenbild diese Aussage anders hätte einsortieren können. Sie hätte »falsch« vielleicht nicht als absolut und degradierend empfunden, weil sie weiß und akzeptiert, dass Tim einfach ein Freund klarer Worte ist, sondern als Aufforderung, noch mal hinzuschauen und einen Rat anzunehmen.
Es lohnt sich aber auch, das Beispiel noch mal aus der anderen Perspektive auseinanderzunehmen. Denn jede von uns ist im Leben auch mal Tim. Mal ehrlich: Uns allen sind doch schon Formulierungen rausgerutscht wie »Das ist falsch. Mach das noch mal«. Denn natürlich können Sie im Alltag nicht immerzu jedes Wort auf die Goldwaage legen und dreimal und aus allen möglichen Perspektiven überdenken.
Aber glauben Sie mir, einmal bewusst gemacht, ändern sich viele Dinge in kleinen Schritten automatisch.
Und so können Sie, in unserem Fall Tim, es sich von Beginn an leichter machen. Wenn wir jegliche Formulierungen vermeiden, die Menschen etwas »überstülpen«, und stets darauf achten, dass der- oder diejenige das Gesicht nicht verliert, dann positionieren wir auch niemanden mit dem Rücken zur Wand.
Sie erinnern sich: Jeder will wichtig sein!
Sorgen Sie also dafür, dass sich Ihr Gesprächspartner wichtig genommen fühlt.

Wenn Tim gefragt hätte: »Luisa, magst du mir erzählen, warum du diese Darstellungsform gewählt hast?«, dann wäre vielleicht alles anders gekommen. *(Wie immer: Bitte achten Sie auf den Tonfall! Sie können auch das so arrogant sagen, dass es gar noch schlimmer wird.)*
Was braucht es dafür wiederum auf Tims Seite?
Genau: unsere Grundierung!

Menschenbild/Runter vom hohen Ross:
Tim sollte davon ausgehen, dass Luisa sich natürlich etwas bei ihrer Art der Darstellung gedacht hat. Er ist zwar gut in seinem Job, aber vielleicht hat auch er etwas übersehen.

Der richtige Tonfall:
Selbst wenn Tim von Luisa ein wenig zufriedenstellendes »Weiß ich jetzt auch nicht mehr« zu hören bekommen sollte, könnte er seinen Verbesserungsvorschlag diplomatisch rüberbringen: »Okay, du wirst dir sicher etwas dabei gedacht haben. Aus meiner Sicht würde sich ein Säulendiagramm allerdings besser eignen, weil …«
Im besten Fall stimmt Luisa ihm zu und nimmt den Vorschlag wohlwollend auf. Weil sie nichts übergestülpt bekommt, sondern sozusagen eine Alternative vorgeschlagen bekommt, und so auch nicht auf die nächstbeste Gelegenheit warten muss, um ihre Ursprungsüberzeugung wieder auszubuddeln im Ätschi-Sinne von: »Ich habe ja gleich gesagt, meins ist besser!«
Wenn Sie dafür Sorge tragen, dass sich Ihr Gegenüber mitgenommen fühlt – sei es über einen Meinungsaustauch und/oder Ihre Formulierung und Ihren Tonfall –, dann haben Sie die Menschen auch loyal hinter sich stehen.

Technik No. 2: Nichts überstülpen
Formulierungen, die Ihr Gegenüber an die Wand pressen:
- »Du musst ...«
- »Das ist falsch.«
- »Ich habe entschieden ...«
- »Fakt ist ...« (insbesondere wenn es kein Fakt, sondern nur die eigene Wahrnehmung ist).
- Und denken Sie daran: Auch Ratschläge sind Schläge.

Sanftere Formulierungen, die das Gegenüber mit einbeziehen und seine Meinung gelten lassen, wären:
- »Von meiner Seite sieht es so aus ... Magst du mir deine Sicht zeigen?«
- »Wäre es für dich eine Option, XY mal zu probieren?«
- »Wie könnten wir jetzt weiter vorgehen?«

Technik No. 1: Mitnehmen
Technik No. 2: Nichts überstülpen

Führen für jedefrau

Das Setting: Katharina ist Senior-PR-Beraterin in einer kleinen Agentur. Sie hat hart daran gearbeitet, dass sie da ist, wo sie ist. Erstmalig soll sie nun die Volontärin Anne an ihre Seite bekommen und damit Unterstützung. Mitarbeiterführung ist für Katharina aber ein komplett neues Feld.

Anne ist eine noch unsichere junge Frau, die aber sehr fleißig und zuverlässig ist. Katharina empfindet sie jedoch hier und da als zu langsam. Sie ist eine große Freundin von »zackig und flott«.

Bei einem Kundenevent übernimmt Anne den kompletten Empfang eigenverantwortlich: von der Beschilderung über die Namensschilder bis zum Aushändigen des Tagesablaufs … Katharina kommt hinzu, als die ersten Gäste schon da sind, und ärgert sich sofort über die schlechte Beschilderung. Die Banner stehen auch nicht da, wo sie sie hingestellt hätte, und überhaupt dauert ihr der ganze Empfang zu lange.

Sie nimmt sich Anne zur Seite: »Du musst dir unbedingt noch mal die Beschilderung anschauen. Die Leute suchen sich ja 'nen Wolf. Und, Anne, die Namensschilder … Wir hatten doch gesagt, wir nehmen die mit den Clips, nicht die zum Anstecken. Die machen nur Löcher! So geht das nicht.« Da entdeckt sie einen wichtigen Kunden und raunt Anna zu: »Wir reden nachher«, um sich ihm zu widmen.

Wie, glauben Sie, geht jetzt Annes Tag weiter? Und wie wirkt sich dieses Vorkommnis auf das Arbeitsverhältnis zwischen Katharina und Anne aus?

Und wie hätte gute Kommunikation eine solche Situation gar nicht erst entstehen lassen?

Meine Damen, kümmern wir uns um Katharina!
Das Setting ist bekannt: Katharina ist Senior-PR-Beraterin in einer kleinen Agentur. Sie hat hart daran gearbeitet, dass sie da ist, wo sie ist. Erstmalig soll sie nun die Volontärin Anne an ihre Seite bekommen und damit Unterstützung. Mitarbeiterführung ist für Katharina aber ein komplett neues Feld.
Katharina empfindet Anne jedoch hier und da als zu langsam. Sie ist eine große Freundin von »zackig und flott«.
Hier sollten wir jetzt rasch Katharinas Wahrnehmung ihres Gegenübers mithilfe unserer Basis »Menschenbild« ändern.

Anmerkung am Rande: Immer weniger Führungskräfte bekommen heute noch klassische Führungskräfteseminare. In vielen Branchen wird entweder vorausgesetzt, dass die Führung von Mitarbeitern und Mitarbeiterinnen beherrscht wird, oder einfach gar nicht thematisiert. Oder die Geschäftsleitung sieht bei »Volontären zur Unterstützung« schlicht nicht die Notwendigkeit, sie »richtig« zu führen. Dieses Buch ist nun keine Anleitung für den Ausbau von Führungsqualitäten, aber auf Basis unserer erlernten Grundierung möchte ich Ihnen zeigen, dass Sie in der Richtung trotzdem schon mal gut aufgestellt sind.

Menschenbild:
Katharina weiß also um die Auswirkung des vorherrschenden Menschenbildes auf die Einschätzung einer Situation und sortiert »langsam« als »gewissenhaft« und »sorgfältig« ein, damit sie Anne nicht in eine Schublade steckt, in die sie nicht gehört. Katharina »bewertet« Anne also sanftmütig und positiv.
Nun kommt es zum Event, ebenso zu Katharinas Ankunft, und sie sieht auch all die Dinge, die wir oben aufgezählt haben, aber Katharina nimmt sich Anne nicht während des Events zur Seite, sondern erst später.

Was will ich wirklich?:
Abgesehen davon, dass sie aufgrund ihres positiven Menschenbildes und weil sie von ihrem hohen Ross heruntergestiegen ist, sicher ist, für all die Punkte eine gute Erklärung von Anne zu bekommen, stellt sie sich zuvor die alles entscheidende Frage: Was will ich wirklich?
- Will ich ein absolut perfektes Event? Darf ich dann einer jungen Volontärin schon so viel Verantwortung übertragen?
- Will ich, dass Anne Erfahrungen sammelt? Dass sie über sich hinauswächst?

- Will ich, dass ich als Heldin beim Kunden dastehe?
- Will ich gar, dass Anne es genauso schwer haben muss wie ich im Laufe meiner Karriere?
- Oder soll sie es leichter haben?

Vielleicht sagen Sie jetzt genervt: »So weit soll ich denken?« Das sind unbequeme Fragen, zugegeben. Und im besten Fall müssen Sie auch nicht immer so weit gehen.
Wenn Sie die Frage »Was will ich wirklich?« als Grundsatzfrage Ihres Lebens behandeln, sie sich immer wieder mal stellen und die Antwort/-en für sich geklärt haben, legen Sie damit Ihr eigenes Leitbild fest. Daran können Sie sich gut orientieren, auch in Situation wie der oben geschilderten. Wenn für die Ausrichtung Ihres Handelns beispielsweise der Punkt »Frauenloyalität« auftaucht, dann ist auch die Antwort auf die Frage im konkreten Beispiel recht klar. Oder?
Sie *müssen* das alles nicht. Gar keine Frage.
Aber: Sie lesen ja nun gerade ein Buch über Kommunikation und sind offenbar daran interessiert, gute Beziehungen zu führen: zu Ihren Mitmenschen, zur Familie, Freunden, Kollegen und Kolleginnen, Mitarbeiter/-innen ...
Die Erfahrungen, die wir im Leben gemacht haben, bilden unsere Welt, unsere Realität, und letztendlich färben sie die Wörter, die aus unserem Mund kommen. Wenn Sie die Fähigkeit der Selbstreflexion beherrschen, dann können Sie dies erkennen und – sofern gewünscht – in die gewünschte Richtung ändern.
Lassen Sie mich das verdeutlichen. Wenn sich Katharina in ihrem Leben bisher beispielsweise immer durchsetzen musste und nichts geschenkt bekommen hat, so könnte das in der Realität in zwei Richtungen führen: die »Lehrjahre sind keine Herrenjahre«-Richtung oder die »Andere sollen es mal besser

haben«-Richtung. Beide sind extreme Richtungen. Aber wie wäre ein Weg dazwischen? In einer entspannten Graustufe, weit entfernt von Schwarz oder Weiß.

Das sähe dann vielleicht so aus: Katharina kommt zu dem Event und sieht natürlich als Vollprofi all die Dinge, die sie anders gemacht hätte. Dann ändert sie ihren Blickwinkel und versucht das große Ganze im Kontext wahrzunehmen. Und was sie sieht, ist eine gelungene Veranstaltung mit glücklichen Kunden.
Sie geht zu Anne und sagt leise zu ihr: »Anne, du machst das alles ganz toll. Schau, wie zufrieden alle sind. Du kannst stolz auf dich sein. Wenn du noch eine Sekunde Zeit hast, sieh dir die Platzierung der Banner doch noch mal von der Publikumsseite aus an.«
Die Punkte »Beschilderung« und »Namensschilder« spricht sie in dieser Situation gar nicht an, weil a) die Anwesenden ja hergefunden haben und b) die Namensschilder jetzt ohnehin nicht mehr ausgetauscht werden können.

Zwei Tage nach dem Event gibt es die Nachbesprechung zwischen Katharina und Anne.
»Anne, wie hat dir dein erstes Event gefallen?«
»Supertoll! Ich war zwar schwer nervös, aber ich fand es einfach klasse«, sprudelt es aus der zurückhaltenden jungen Frau heraus.
Die beiden sammeln alles, was gut gelaufen ist, und haben so zum zweiten Mal an dem Event Spaß.
»Wir wären ja nicht die, die wir sind, wenn wir nicht auch immer auf die Dinge schauen würden, die wir das nächste Mal anders machen würden. Hast du da auch Punkte für dich gefunden, Anne?«

»Ja, auf jeden Fall. Ich würde dem Kunden zum Beispiel nur noch zu einem roten Teppich raten, wenn es ein Indoor-Event ist. Der war nachher ganz nass, das war echt blöd. Und ich hätte Schirme in petto. Jede Menge Schirme. Und danke noch mal für den Hinweis mit dem Banner. Das sah man tatsächlich gar nicht. Das würde ich mir beim nächsten Mal gleich von allen Seiten aus angucken.«

Katharina ist platt. So viele Punkte, die die junge Frau ganz allein bemerkt hat und nun nennt.

»Großartig, Anne! Wenn du mit so viel Weitblick und Motivation in jedes Event hineingehst, sammelst du am Ende mehr wertvolle Erfahrung als in jeder Trockenübung. An den roten Teppich habe ich noch gar nicht gedacht. Und sag, mir fiel auf, dass du für die Namensschilder doch die Nadelvariante genommen hast. Warum?« *(Menschenbild! Katharina traut Anne zu, dass diese sich etwas dabei gedacht hat.)*

»Ich habe die zum Clippen zu Hause mal ausprobiert. Sie ziehen leichte Stoffe runter. Und ich dachte, die meisten kommen eher in Seide oder so. Bei denen mit der Nadel ist das nicht passiert.«

»Was ist aber stattdessen passiert?«

»Es gab ein kleines Loch in der Kleidung.«

»Vermutlich. Wie machen wir das beim nächsten Mal?«

»Entweder, wir bieten beide Varianten zur Auswahl an, oder …«, Anne überlegt, »ich habe mal Armbänder als Namensschilder gesehen. Die könnten ja sogar ganz schick aussehen.«

Fassen wir noch einmal zusammen:
Von:
- keinem Vertrauen in die Fähigkeiten des Gegenübers,
- ohne die Möglichkeit, das Gegenüber anzuhören, weil:
- in einer ungünstigen Atmosphäre (mitten im Event),

Hin zu:
- einer positiven Wahrnehmung durch ein verändertes Menschenbild,
- Lob für das, was gut gelaufen ist,
- gemeinsamem Hinschauen, was in Zukunft noch besser zu machen ist.

Technik No. 3: Feed*forward* statt Feed*back*

Die klassischen Feedbackgespräche kennen vermutliche viele von Ihnen, aus beruflichen Zusammenhängen, aber auch aus privaten. Nur wird es da nicht »Feedbackgespräch« genannt, sondern »Meckern«. Das klassische Modell ist das sogenannte Sandwichmodell, welches in Ansätzen auch Katharina auf ihrem Weg der guten Kommunikation gewählt hat: sanfter Einstieg (Brötchen) – härtere Kritik (Fleisch) – sanfter Ausstieg (Brötchen). Dahinter verbirgt sich: Loben! Ein bisschen Kritik. Loben!
»Schatz, Klasse, heute sind es drei Schokostreusel weniger, die du auf dem Boden verteilt hast!« wirkt bei meinen Kindern besser als: »Schau, du hast schon wieder alles auf dem Boden verteilt!«
Bei der Sandwichmethode spricht man nach dem Loben die Punkte an, die einem aufgefallen sind (»Und sag, mir fiel auf, dass du für die Namensschilder doch die Nadelvariante genommen hast. Warum?«), und das Gespräch endet wieder weich mit am besten gemeinsam festgelegten Zielen (»Wie machen wir das beim nächsten Mal?«).
Man muss diese Art von Feedback mögen. Ich persönlich empfinde es manchmal als konstruiert und damit nicht authentisch. Wenn ich als Führungskraft so in ein Gespräch hineinge-

he, ist für meinen Geschmack der Raum für echtes zwischenmenschliches Verhalten zu klein.

Ein Ansatz, der vor allem in die Zukunft gerichtet ist, kommt von Marshall Goldsmith: die Feedforward-Methode. Sie bedeutet: Wir reflektieren, wo wir Verbesserungspotenzial bei *uns selbst* sehen in Bezug auf eine bestimmte Situation, und nehmen uns vor, es in Zukunft besser zu machen. Dann formulieren wir daraus ganz konkrete Schritte, wie das geschehen soll, und suchen uns Kontrollpersonen, die das mit uns gemeinsam überprüfen.

Ich finde diesen Ansatz ganz fantastisch, weil er auf so vielem basiert, wovon wir in diesem Buch schon gesprochen haben: runterkommen vom hohen Ross, andere wichtig nehmen und sich selbst nicht als Krönung der Schöpfung ansehen, die unfehlbar ist. Probieren Sie das gern mal für sich aus. Sowohl im beruflichen als auch im privaten Kontext.

Wenn beispielsweise Katharina für sich über die konkrete Situation mit Anne herausfindet, dass sie in stressigen Situationen im Tonfall zickig wird und zu harsch daherkommt, sogar etwas herablassend, dann würde sie sich vornehmen, das in Zukunft zu ändern, ihr eigenes Verhalten zu verbessern und zu drei Vertrauensmenschen im Büro (oder im Privaten) sagen: »Ich brauche eure Hilfe. In brenzligen Situationen möchte ich zukünftig gelassener und freundlicher reagieren. Bitte, liebe Vertrauenspersonen, beobachtet mich, ob ich das gut umgesetzt bekomme, und gebt mir Rückmeldung.«

Oder denken Sie an unseren ersten Fall zurück: Irene und Lukas. Ein Feedforward-Ansatz von Irene könnte doch folgender sein: »Was hältst du davon, Lukas, wenn ich mir vornehme, mich nur in Situationen einzumischen, die ich wirklich mitbekommen habe? Und mich aus denen rauszuhalten, bei denen ich keine Ahnung habe? Und dich, mein Schatz, dich brauche ich dafür. Du musst aufpassen, ob ich mich bessere.«

Es soll jetzt nicht allzu kitschig klingen, aber bitte malen Sie sich ein Weltbild aus, in dem wir so miteinander reden und umgehen würden. Hach …
Aber wissen Sie was? Ganz ohne Kitsch: Sie können damit heute im Kleinen anfangen!

Anmerkung am Rande: Es gibt viele Feedback-Methoden und noch mehr Hinweise, Tipps und Tricks für Führungskräfte. Dies hier war nur ein kurzer Querschlag und hat nicht im Entferntesten den Anspruch, Sie auszubilden. Belesen Sie sich gern, wo immer Sie das für nötig halten. Aber wenn Sie mir ganz persönlich einen Gefallen tun wollen: Überschulen Sie sich nicht! Sie haben bereits so vieles in sich, was Sie ganz natürlich laufen lassen können.
Sie. Können. Das.

· ·

Technik No. 3: Feedforward statt Feedback
- Reflektieren Sie sich ehrlich: Was möchte ich in Zukunft besser machen?
- Sprechen Sie dies offen an und suchen Sie sich Vertrauenspersonen, die Sie »überprüfen«.
- Sie nehmen somit Ihr Gegenüber ernst, legen Wert auf seine/ihre Meinung und arbeiten gleichzeitig an sich selbst.

· ·

Technik No. 1: Mitnehmen
Technik No. 2: Nichts überstülpen
Technik No. 3: Feedforward statt Feedback

· ·

Technik No. 4:
Wenn es um die Wurst geht: Ziel über Gefühl

Wenn Sie jetzt sagen: »Das ist mir alles zu weichgespült, mein Kollege ist einfach ein ›fieser Möpp‹, da nutzt kein verändertes Menschenbild, geschweige denn 'ne Duftkerze«, dann möchte ich Ihnen zeigen, dass Sie mit unserer Basis auch gut beraten sind, wenn Sie auch einfach mal Ihr Recht durchdrücken wollen, gar *müssen*.

Das Setting: Es geht an die Urlaubsplanung im Büro. Sie waren die letzte Woche im Homeoffice, kommen wieder und sehen, dass Ihr Kollege Lars sich schon in die Liste eingetragen hat. Er hat sich, ohne Rücksprache, die ersten zwei Sommerferienwochen geschnappt. Sie hatten diese auch ins Auge gefasst und sind fassungslos, dass er Sie nicht nach Ihrem Einverständnis gefragt hat.

Variante 1:
»Ähm, Lars, du hast deinen Urlaub schon eingetragen?!«, platzt es aus Ihnen heraus.
»Ja«, entgegnet der knapp über seinen Bildschirm hinweg.
»Das geht nicht. Den musst du wieder austragen. Du hast dich ja gar nicht mit mir abgestimmt«, werfen Sie ihm bestimmt entgegen.
»Du warst ja nicht da.«
»Hallo?!? Ich war im Homeoffice. Du hättest wenigstens mal anrufen können.«
»Ich bin davon ausgegangen, dass du mir schon Bescheid gesagt hättest, wenn dir ein Zeitpunkt wichtig gewesen wäre. Mein Urlaub ist eh schon genehmigt – wer zuerst kommt, mahlt zuerst.«

Sie platzen vor Wut. Der Tag ist für Sie gelaufen.
Und Lars, der ist erst mal unten durch. Sie machen Ihrem Ärger bei einer anderen Kollegin Luft: »Der soll noch mal ein Problem haben ...«
Als weitere Konsequenz tragen Sie, ohne Rücksprache, alle Brückentage in der Liste als Ihren Urlaub ein. Natürlich *ohne* Rücksprache.

Variante 2:
Das Setting ist dasselbe, außer dass wir dieses Mal darauf verzichten, dass Sie fassungslos sind. »Lars, wie kommt es, dass hier schon dein Urlaub eingetragen ist?«
»Wir mussten planen, und da habe ich mir einfach die ersten zwei Wochen genommen.«
»Warum hast du dich denn nicht mit mir abgestimmt?«
»Du warst nicht da.«
»Das stimmt. Ich war im Homeoffice, wie du die Woche davor. Ich bin aber, ehrlich gesagt, trotzdem davon ausgegangen, dass wir es vorher einmal besprechen.«
»Hm. Der Urlaub ist jetzt aber schon genehmigt.«
»Dann haben wir leider ein Problem. Denn ich habe den Zeitraum auch ins Auge gefasst und wollte das zunächst mit dir abstimmen. ›Wer zuerst kommt, mahlt zuerst‹ war für mich keine Option. Wie gehen wir jetzt weiter vor?«
»Weiß nicht. Dann frag ich dich halt das nächste Mal.«
»Ja, das ist ein guter Ansatz. Und für dieses Mal schlage ich vor, du ziehst den Antrag einfach zurück. Du bist ja durchsetzungsfähig, du wirst das schaffen. Und dann planen wir noch mal von Anfang an.«
Oder: »Schöner Vorschlag. Das machen wir. Und um auf deine Art Danke zu sagen, gestehst du mir dann die restlichen Brückentage im Jahr zu, okay?«

Was Sie am Ende tatsächlich vorschlagen, ist grenzenlos Ihnen überlassen, denn das Entscheidende findet vorher statt: Sie verzichten auf das »Fassungslose«. Auch wenn Sie sich so fühlen. Zu Recht. Wohlgemerkt. Aber diese Gefühlslage führt Sie in Sachen Kommunikation am Ziel vorbei. Dass Sie fassungslos sind, ist streng genommen nur eine *Deutung*.

Fakt ist: Der Typ hat über Ihren Kopf hinwegbestimmt. Was genau macht Sie fassungslos? Vielleicht dass Sie denken: ›Ich blöde Nuss, wäre ich doch mal schneller gewesen!‹? Dieses Gefühl führt Sie aber in Ihrer Kommunikation auf eine falsche Fährte. Versuchen Sie daher, es wegzulassen. Ersetzen Sie das Gefühl stattdessen gegen Ihr Ziel:

Was will ich?
- Ich will den Urlaub haben! Nicht wegen Ätschi (siehe Seite 67 oder wegen »Wo kommen wir denn da hin?«, sondern weil Sie vielleicht ein tolles Urlaubsangebot für genau diesen Zeitraum haben. Wenn dem so wäre, würde sich schon die Ansprache ändern: »Hör mal, das ist jetzt wirklich ungünstig gelaufen. Denn auch ich habe hier schon Pläne gemacht, die ich nur noch mit dir besprechen wollte. Ich muss also tatsächlich darauf bestehen, dass du den Antrag zurückziehst, wir noch mal bei null anfangen und erst mal darüber sprechen.«
- Ich will ihm deutlich zu verstehen geben, dass das so nicht geht.
- Ich will gesehen werden.
- Ich will das Arbeitsverhältnis nicht dauerhaft schädigen.

Übrigens: Diese Herangehensweise steht wieder im Gegensatz zur schlagfertigen Antwort. Diese Zeit der reiflichen Überlegung haben Sie bei Schlagfertigkeit nämlich nicht. In den drei Sekunden, in denen Sie reagieren müssten, können Sie sich nicht erst noch über Ihr eigentliches Ziel klar werden und einen Plan aushecken, um es zu erreichen. Aber Sie könnten auch in ganz gefasstem Tonfall sagen: »Du, das muss ich erst sacken lassen und mir überlegen, wie ich damit umgehe.« Und dann nutzen Sie die Zeit und schlafen darüber, um sich über Ihre Ziele Gedanken zu machen.

Das Ersetzen des impulsiven, ursprünglichen und ersten Gefühls durch eine relativ nüchterne Antwort oder einen konstruktiven Vorschlag holt das Gespräch weg von der Gefühls- und hebt es auf die Sachebene. Was das Verhandeln mit guten, nachvollziehbaren Argumenten deutlich einfacher machen wird. Es ist aber vermutlich eine der schwersten Übungen für uns Frauen. Denn wir fühlen uns auf der Gefühlsebene meist heimischer.
Versuchen Sie es trotzdem: Lassen Sie all Ihre Gefühle außen vor, das sorgt auch automatisch für eine feste Stimme – und verlieren Sie Ihr eigentliches Ziel nicht aus den Augen.

• •

Technik No. 4: Ziel über Gefühl
- Wenn Sie für Ihr Recht »kämpfen«, versuchen Sie, Ihre Gefühle außen vor zu lassen. Ersetzen Sie diese gegen Ihr Ziel.
- Denn: Gefühle beeinflussen das, was wir sagen.
- Wenn es um die Sache geht, gilt: Ziel über Gefühl.

• •

Technik No. 1: Mitnehmen
Technik No. 2: Nichts überstülpen
Technik No. 3: Feedforward statt Feedback
Technik No. 4: Ziel über Gefühl

• •

Gefühlte Wahrheit
Lars kommt in dieser Geschichte gar nicht zu Wort. Von Lars wissen wir nichts. Außer dass er Ihnen den Urlaub weggenommen hat. Seine Beweggründe kennen wir aber nicht. Wenn wir es aber nicht gerade mit einem Vollpfosten zu tun haben, können wir davon ausgehen, dass Lars gute Gründe hatte, um seinen Urlaub genau so einzureichen, wie er es getan hat. Und wenn wir ihm jetzt noch eine Stimme geben, würde diese vielleicht sagen:
»Ich habe schlicht vergessen, meine Kollegin zu fragen.«
Oder: »Meine Frau bekommt nur diese Wochen frei, und wir wollen doch mit den Kindern weg.«
Oder: »Das letzte Jahr hat sich meine Kollegin den Urlaub einfach so genommen, das wollte ich ihr zurückzahlen.«
Mit anderen Worten: Eine Geschichte hat immer *zwei* Seiten. Und manchmal vergessen wir auch *unsere* Rolle bei der Geschichte. (Weil wir vielleicht noch auf dem hohen Ross sitzen?) Höchstwahrscheinlich wird es in den seltensten Fällen »die Wahrheit« geben. Es gibt nur Sichtweisen und »gefühlte Wahrheiten«. Wenn Sie das im Hinterkopf behalten, fällt es Ihnen sicherlich ein bisschen leichter, sich von Ihren Gefühlen nicht übermannen zu lassen und konstruktiv für Ihre Sache einzustehen. (Oder eben auch nicht, weil Sie erkannt haben, dass Ihre Rolle in der Geschichte nicht so clean ist, wie Sie anfangs dachten ...)

In den folgenden **Übungen** gehen wir aber einfach mal davon aus, dass Sie im Recht sind und für Ihre Sache einstehen wollen und es auch werden.
Hinweis, bevor Sie ans Üben gehen: Bitte bedenken Sie, dass es natürlich einen Unterschied macht, ob Sie ein kurz- oder langfristiges »Interesse« an Ihrem Gegenüber haben. Das soll nicht

heißen, dass Sie sich bei Menschen, die Sie vermutlich nie wiedersehen, wie eine offene Hose benehmen und unfreundlich kommunizieren können. (Ich glaube stark an Karma!) Aber vielleicht fällt es Ihnen bei einem Ihnen unbekannten Möbellieferanten leichter, die Gefühle auszublenden, als bei Ihrer Freundin, die Sie seit zwanzig Jahren kennen.

Mögliche Lösungen zu allen vier Übungen finden Sie hinten im Buch. Ich freue mich aber vor allem auf Ihre eigenen Ideen: hallo@nicolestaudinger.de

Übung 1: Gefühle aus-, Ziel einschalten

1. Das Setting: Urlaub/Hotel/Liegen am Pool: Mit einem Handtuch zu reservieren ist verboten, wird aber trotzdem gemacht.

Sie kommen mit Ihren zwei Kindern nach dem Frühstück zum Pool und sehen drei nebeneinanderstehende Liegen mit ausgebreiteten Handtüchern darauf, aber weit und breit ist niemand zu sehen.

»Da hat irgendwer wieder einfach mit Handtüchern reserviert«, denken Sie, packen diese beiseite, um sich mit den Kindern draufzulegen. Da stürmt eine ältere Dame auf Sie zu: »Entschuldigung, das sind unsere Handtücher! Wir hatten reserviert.«

- Was fühlen Sie?
- Was für ein Ziel haben Sie?
- Wie reagieren Sie?

2. Das Setting: Sie beauftragen einen Caterer/Man einigt sich auf einen Preis/Die Rechnung fällt nachher höher aus als besprochen.

»Sie hatten ja noch einige Extrawünsche«, rechtfertigt sich der Caterer.

- Was fühlen Sie?
- Was für ein Ziel haben Sie?
- Wie reagieren Sie?

3. Das Setting: Sie sind selbstständige Grafikdesignerin/Ein Neukunde beauftragt Sie mit den Worten »Mehr Budget haben wir nicht«, Sie gehen darauf ein/Zwei Tage später erfahren Sie von einem männlichen Kollegen, dass auch er beauftragt worden ist, man seine höhere Honorarvorstellung aber akzeptiert hat.
- Was fühlen Sie?
- Was für ein Ziel haben Sie?
- Wie reagieren Sie?

4. Das Setting: Ihre Freundin sagt eine Verabredung mit Ihnen sehr kurzfristig ab mit der Begründung, sie müsse zum Elternabend/Tags drauf erfahren Sie durch Zufall, dass sie mit einer anderen Freundin essen war.
- Was fühlen Sie?
- Was für ein Ziel haben Sie?
- Wie reagieren Sie?

Technik No. 5: Zuhören

Zuhören haben wir schon als eine Basis definiert, jetzt wird es auch zu einer Kommunikationstechnik. Einfach deswegen, weil es so unglaublich wichtig ist. In nahezu allen Situationen. Sie beherrschen die Technik des Zuhörens aber erst, wenn Sie sich die Basispunkte zu eigen gemacht haben. Mit dem Zuhören allein ist es nämlich nicht getan. Daher folgen hier ein paar wichtige Punkte, die mit aufrichtigem Zuhören einhergehen.

Richtig zuhören
Aufrichtiges Zuhören ist genau genommen keine Technik, sondern eine Lebenseinstellung.
Gehen Sie weg von sich und kommen Sie vom hohen Ross runter. Es geht jetzt um Ihre Gesprächspartner und um deren Sicht auf die Dinge. Die wird für Sie vielleicht neu sein. Nicht jede werden Sie mögen oder nachvollziehen können. Aber darum geht's auch nicht! Es geht um einen Perspektivwechsel, um unser Menschenbild und um Ihren (zu erweiternden) Horizont.
Dafür benötigen Sie nur ein, manchmal zwei oder drei Dinge.

1. Geistesgegenwart
- Sprich, seien Sie mit Ihrem Geist, Ihren Ohren, all Ihren Sinnen, mit allem, was Sie zu bieten haben, einfach *da*. Legen Sie das Handy beiseite, räumen Sie im Kopf alles weg, was Sie belastet und ablenkt. Setzen Sie den Fokus auf Ihr Gegenüber und hören. Sie. Zu!
- Aktives Zuhören verlangt Achtsamkeit.
Kurzes Setting am Rande: In einer Prüfungssituation vor vielen Jahren war ich die Dritte und gleichzeitig Letzte, die geprüft werden sollte. Wir saßen alle zusammen vor dem Komitee, und meine Aufregung war für mein Herz kaum noch zu bewältigen. Da aber noch zwei vor mir geprüft wurden, versuchte ich, solange *aktiv zuzuhören*. Durch die Geistesgegenwart, die es dafür brauchte, hatte ich schlicht keine Kapazitäten mehr frei für meine Aufregung. Das aufrichtige Zuhören half mir durch meine Prüfungsangst.

2. Papier und Stift, denn: »Wer schreibt, der bleibt.«
- In einem langen Meeting oder Briefing können Sie sich schlicht nicht alles merken. Nehmen Sie Papier und Stift mit.

Während man sich, wenn ein Protokoll geschrieben wird, irgendwie indirekt dazu aufgefordert fühlt, sich nichts merken zu müssen, am Ende aber doch keiner jemals wieder einen Blick hineinwirft, sind Ihre eigenen Notizen Ihr Kapital. Abgesehen davon hat es eine gute Wirkung, wenn Sie, wenn die Chefin spricht, ab und an mitschreiben, ohne dass Sie dazu aufgefordert wurden.
- Ich persönlich habe jedes Jahr ein neues großes Notizbuch am Start. Da kommt alles rein: jedes Kundengespräch, aber auch jeder Geistesblitz.

3. Nicken
- Es mag blöd klingen, aber nicken Sie ruhig, während Sie zuhören. Es signalisiert Ihrem Gesprächspartner oder Ihrer Gesprächspartnerin, dass Sie noch an Bord sind und ihn oder sie verstehen.

Ausreden lassen

Eigentlich ein Akt der Höflichkeit, aber zugegebenermaßen nicht immer leicht: jemanden ausreden lassen. Unter anderem dann, wenn wir glauben, es besser zu wissen; wenn wir denken, dass das, was unser Gegenüber von sich gibt, Mumpitz ist. Oder aber, wenn wir meinen, dass unsere eigene Redezeit zu kurz kommt. Ich kann Ihnen nur dringend empfehlen: Lassen Sie die Menschen ausreden! Und hören Sie zu! Im Prozess des Zuhörens lernen Sie mitunter am meisten.

Sollten Sie doch mal jemanden unterbrechen müssen, weil der- oder diejenige schlicht nicht zum Punkt kommt oder Sie unter Zeitdruck stehen, dann bleiben Sie dabei wenigstens höflich:

»Es tut mir leid, aber ich muss Sie/dich kurz unterbrechen.«

»Es ist eigentlich nicht meine Art, aber ich möchte hier kurz intervenieren.«

Manchmal kann Unterbrechen auch ein ganz natürlicher Moment des aktiven, aufrichtigen Zuhörens sein:
»Es tut mir leid, wenn ich dich kurz unterbreche, aber ich habe diesen Punkt noch nicht ganz verstanden.« Damit fordern Sie Ihr Gegenüber nur auf, kurz innezuhalten und dann weiterzureden, und geben gleichzeitig das Signal: »Ich höre dir zu, und ich bin wirklich in Gänze an dem interessiert, was du sagst.«

Wiederholen
Die Krönung des Zuhörens ist das Wiederholen.
»Sie haben heute Vormittag gesagt, dass wir später noch auf die Details eingehen werden. Wäre jetzt der richtige Zeitpunkt dafür?«
»Du hast letzte Woche gesagt, dass du wahnsinnig gern mal wieder Königsberger Klopse essen würdest. Die habe ich heute einfach mal gemacht.«
»Meine Kollegin Sandra hat vor zwei Stunden einen tollen Einwurf gemacht, nämlich dass es Sinn macht ...«
»Ich glaube, wir müssen den Punkt nicht noch mal vertiefen, sondern uns nur die Worte von Thomas in Erinnerung rufen, der gesagt hat ...«
Auch Chefs, die sich gern mal selbst widersprechen und sich nicht an ihre eigenen Vorgaben halten, bekommen Sie so charmant »überführt«:
»Vielleicht habe ich Sie falsch verstanden, aber letzte Woche im Meeting sagten Sie ... Einen Moment, bitte, ich habe es mir aufgeschrieben: ›Taxifahrten zum Kunden werden nicht mehr genehmigt. Bitte nehmen Sie die öffentlichen Verkehrsmittel‹, und jetzt möchten Sie, dass ich Ihnen ein Taxi zum Kunden bestelle?«
Und wie immer, immer, immer gilt: Achten Sie auf Ihren Tonfall!

Diese Vorschläge mögen auf Sie vielleicht sehr konstruiert wirken, aber ich verspreche Ihnen: Das sind sie nicht. Denn genau aus diesem Grund haben wir uns vorab die Basis angeschaut. Letztlich ist auch gute Kommunikation eine Frage der *inneren Haltung*. Und es ist auch Übungssache. Gutes Zuhören fällt ebenso darunter.

Die Krönung des Ganzen wäre, wenn Sie sich den Namen gemerkt haben und diesen noch ergänzen können: »Gisela Meier erwähnte heute Nachmittag, dass ...«

»Oooooh, Namen kann ich mir so schlecht merken«, sagen Sie jetzt vielleicht. Und ja, mit dieser Einstellung, meine Damen, wird es auch schwer bleiben.

Ich habe als Salesmanagerin selbst viele Seminare mitgemacht, in denen ich Techniken erlernt habe, um mir Namen zu merken. Keine hat mir geholfen. Erst als ich angefangen habe, einfach menschenfreundlich zuzuhören, *richtig* zuzuhören, ging das plötzlich ganz automatisch.

Probieren Sie es!

Und wenn aus diesem Kapitel bei Ihnen fürs nächste Gespräch hängen bleibt: »Ich höre mal gut hin, wer weiß, was ich für *mich* heute mitnehmen kann«, dann ist das schon die halbe Miete.

. . . .

Technik No. 5: Zuhören
- ...

. . . .

Technik No. 1: Mitnehmen
Technik No. 2: Nichts überstülpen
Technik No. 3: Feedforward statt Feedback

Technik No. 4: Ziel über Gefühl
Technik No. 5: Zuhören

Technik No. 6: Applaus!

Erinnern Sie sich noch an die Sitcoms der 90er-Jahre wie *Eine schrecklich nette Familie*, *Full House* oder *Hör mal, wer da hämmert?*
Wissen Sie, was die alle gemeinsam hatten? Außer dass sie jetzt bei Ihnen nostalgische Gefühle hervorrufen … Bei allen diesen Sitcoms wurde Applaus eingespielt. Immer wenn ein Witz gemacht wurde, ob wirklich lustig oder nicht, gab es Applaus und Gelächter vom Band. Man gewöhnte sich als Zuschauer so sehr daran, dass es eher irritierend war, wenn das mal ausblieb. Wir schreiben das Jahr 2021, und das Coronavirus schwirrt noch immer über unserem Leben. Die Menschen haben sich so gut es geht damit arrangiert, und dennoch gibt es viele Einschränkungen. Auch bei TV-Produktionen. Und plötzlich höre ich das mir so bekannte Geräusch aus den 90er-Jahren wieder. Bei *Let's Dance*. Auch hier sind nur die Protagonisten im Studio und tanzen nicht wie sonst vor vierhundert Zuschauerinnen und Zuschauern, sondern ganz allein vor der Jury. Doch nach dem Tanz, nach der Wertung und auch zwischendurch ertönt: Applaus. Vom Band.
Ein paar Wochen später werden die Bestimmungen gelockert, und erstmalig nach eineinhalb Jahren sitzen wieder Menschen im Publikum. Der echte Applaus lässt nicht nur den Tänzerinnen und Tänzern Tränen in die Augen steigen, sondern auch den Menschen daheim vor den Bildschirmen. Und ich frage

mich: Können wir daraus etwas für unser Thema »Kommunikation« mitnehmen?
Jede Menge!
Wir brauchen Applaus.
Es werden nie Buhrufe eingespielt, sondern immer nur Applaus. Was auf den ersten Blick völlig klar erscheint, ist auf den zweiten Blick das Wunder der positiven Bestärkung und des Lobes. Und wie wichtig das ist, haben wir uns bereits angeschaut: »Du bist wichtig.«

Was wir daraus lernen können?
Loben und jubeln Sie da, wo es geht! Lieber zu viel als zu wenig. Auch da, wo es übertrieben erscheint.
Jubeln Sie Ihrem Teenager zu, wenn er es geschafft hat, ein (nur eins!) T-Shirt wegzuräumen: »Wahnsinn, mein Großer. Du hast das T-Shirt bewegt. Vom Boden aufs Bett. Ich weine vor Glück«, statt: »Ich habe dir schon hundertmal gesagt, dass du das Shirt in die Wäsche bringen sollst!«
Jubeln Sie Ihrem Mann zu, der doch tatsächlich erkannt hat, dass man das Geschirr nicht nur auf die Spülmaschine, sondern IN die Spülmaschine stellen kann.
Seien Sie der Applaus vom Band, der schon bei der klitzekleinsten Handlung völlig ausflippt.
Abgesehen davon, dass Sie entnervende Situationen mit einem Lächeln wegzaubern können, ist es für Sie auch einfach angenehmer, Applaus abzuspielen, als die ewig gleiche Schallplatte mit »Was ist so schwer daran, den Teller IN die Spülmaschine zu räumen?«.
Sie kennen das Spiel mit der positiven Bestärkung schon aus allen anderen Büchern von mir (und von wirklich intelligenten Menschen), daher lassen Sie es uns auch für unsere Kommunikation nutzen.

Technik No. 6: Applaus!
- Loben und jubeln Sie, wo es geht.

Technik No. 1: Mitnehmen
Technik No. 2: Nichts überstülpen
Technik No. 3: Feedforward statt Feedback
Technik No. 4: Ziel über Gefühl
Technik No. 5: Zuhören
Technik No. 6: Applaus!

Technik No. 6.1: Verbindlichkeit
Ich bin der Meinung, Applaus vermittelt einem auch eine besondere Form des Gesehenwerdens. Eine höfliche, freundliche und beschwingte Verbindlichkeit. Wenn wir Verbindlichkeit im Bereich der Tugenden und nicht in der Rechtssprache manifestieren, ist es eine ganz wundervolle Eigenschaft für uns als frische Alltags-Kommunikationsexpertinnen.
Für mich steht Verbindlichkeit für »Ich habe dich gesehen, wahrgenommen, und ich erkenne dich an (und das, was du tust)«. Das kann man mit Applaus wunderbar widerspiegeln. Man kann Verbindlichkeit aber auch anders ausdrücken: »Ich habe dich gesehen, wahrgenommen, und ich *kümmere* mich um dich«, was zum Beispiel gern von Kellnerinnen über eine Geste ausgedrückt wird, die signalisiert: »Ich bin gleich bei Ihnen.« Und es sind genau diese kleinen Gesten, nach denen die meisten Menschen lechzen, weil sie eine verbindliche Zusage bedeuten, die Zusage, dass man wahrgenommen wurde und wichtig ist. Das gilt für das Kleinkind gleichermaßen wie für

eine Kundin in der Warteschlange vor dem Gemüsestand. Wir warten gern, wenn wir mitbekommen, dass uns das Gegenüber wahrgenommen hat. Und dabei muss gar nicht sofort für jedes »Problem« eine Lösung parat sein. Es reicht schon völlig die Bereitschaft, zu kommunizieren.

Wenn Sie neu in einem Job sind, in dem Sie mit Kunden zu tun haben, dann ist es völlig normal, dass Sie am Anfang noch nicht versiert und erfahren darin sind. Aus der Unsicherheit heraus gibt es aber Menschen, die sich lieber hinter einer Pflanze verstecken, anstatt verbindlich zu sagen: »Guten Tag, oh, mit Ihrem Anliegen bin ich gerade leider überfragt, weil das heute mein erster Tag ist. Aber ich weiß genau, wen ich fragen muss, geben Sie mir eine Minute?«

Denn auch das bedeutet: »Ich habe dich gesehen, wahrgenommen, und ich kümmere mich um dich.« Anstelle von »Ich duck mich weg«. Das ist kein Hexenwerk.

Was es dafür braucht: freundlichen Blickkontakt (wenn es live ist) und eine feste, aber freundliche Stimme. Nichts weiter. Da das in einem Buch schwer zu vermitteln ist, wie so viele Dinge aus dem »Tonfall«-Segment, gebe ich über meine »AkadeMe« (akademe-staudinger.de) auch für Sie, als private Ladys, sowohl Online- als auch Liveseminare.

· ·

Technik No. 6.1: Verbindlichkeit
- Verstecken Sie sich nicht.
- Zeigen Sie Präsenz und holen Sie die Menschen direkt ab: Ich habe dich gesehen, wahrgenommen und kümmere mich um dich.

· ·

Technik No. 1: Mitnehmen
Technik No. 2: Nichts überstülpen

Technik No. 3: Feedforward statt Feedback
Technik No. 4: Ziel über Gefühl
Technik No. 5: Zuhören
Technik No. 6: Applaus!
   Technik No. 6.1: Verbindlichkeit

· ·

So nicht!
Mit der Verbindlichkeit im Gepäck bekommen Sie auch wieder schwierige Situationen gelöst. Dazu noch eine Prise vom guten Menschenbild und den richtigen Tonfall, und die Sache ist so gut wie geritzt.
Das Setting: Mal wieder Disneyland in Paris. Der Park ist längst nicht so voll, wie wir es gewohnt sind (ich fahre eigentlich immer die ersten drei Tage im Januar mit meinen Jungs nach Paris, das letzte Mal war es coronabedingt im Sommer), und es gelten natürlich noch die AHA-Regeln. Wir tragen also die ganze Zeit über Maske, und in den Warteschlangen sind in unübersehbarer Größe Aufkleber auf dem Boden angebracht, die signalisieren, wo man stehen darf, damit die anderthalb Meter Abstand gewährleistet sind. Alle versuchen sich, so gut es eben, gerade mit Kindern, geht, dran zu halten. Natürlich gelingt das nicht immer zu hundert Prozent, aber der Großteil bemüht sich wirklich sehr.
Hinter uns steht eine Mutter mit ihren drei Kindern schätzungsweise im Alter zwischen fünf und zwölf. Sie haben offensichtlich die letzten Monate keine Nachrichten verfolgt, denn sie ziehen sich die Masken runter, spucken sich an, gehen mit ihren Mündern ans Trenngitter. Sie rücken uns so nah auf die Pelle, dass meine Jungs mich hilflos angucken.
Die ersten Mechanismen, die man zückt, sind in der Regel ja

leider nicht von sonderlicher Kommunikationsexpertise geprägt. Ich versuche mich also in Schnalzgeräuschen und genervten Blicken. Meine Jungs ergänzen mit Kopfschütteln und ausgestrecktem Arm.
Nichts wirkt.
Die Mutter schaut ins Handy und überlässt den Kindern das Kommando.
Irgendwann spreche ich die Mutter, die Englisch spricht, an. Ob es bitte möglich wäre, auf den Abstand zu achten (ich schreibe es auf Deutsch, habe aber Englisch gesprochen). Sie guckt überrascht vom Handy hoch, als hätte ich sie aus einer anderen Welt geholt, und sagt: »*Of course!*«
Gesagt – und nichts getan. Ich weiß nicht, was sie mit »Na klar!« gemeint hat, aber »*distance*« war es nicht.
Ihre drei Kinder haben natürlich mitbekommen, dass wir irgendwie Trouble hatten, aber die Mutter spricht nicht mit ihnen. Die Kinder schauen uns wie ihre Mama gleichermaßen irritiert an, mit dem Wunsch nach Auflösung der Situation, doch die folgt nicht.
Als die Kinder nach wie vor weder Abstand halten noch Maske tragen und ich das als Mutter zweier Kinder, die sich immerhin an die Regeln halten (auch wenn wir nicht alle nachvollziehen können), wirklich schwierig finde, drehe ich mich nach ein paar Minuten um und hocke mich runter zu den dreien.
»Habt ihr drei schon mal was von Corona gehört?« (Wieder auf Englisch.) Mein Tonfall ist nicht zynisch und auch nicht belehrend, sondern freundlich und zugewandt. *(Menschenbild! Wer weiß, vielleicht haben sie wirklich noch nie was von Corona gehört.)*
»Ja«, ertönt es aus drei Mündern, auch sehr freundlich und von der Seele weg.
»Dann wisst ihr ja, dass wir uns alle anstrengen müssen, damit

wir dieses Virus bald besiegt haben. Und *ihr* könntet mithelfen! Wenn ihr die Maske hochzieht und auf die Aufkleber schaut. Meint ihr, ihr kriegt das hin?«
Sie schauen mich an, als hätte noch nie jemand vorher so mit ihnen gesprochen, und sagen aus vollem Herzen: »Ja, kriegen wir hin!«
Und damit ist Ruhe im Karton. Die Mutter ist weiterhin gänzlich ins Handy vertieft, und es ist ihr offenbar egal, dass sich eine fremde Frau mit ihren Kindern unterhält.
Den Kindern mag es an vielem gefehlt haben, auf nichts davon möchte ich jetzt eingehen. Vielleicht trug die Frau aber auch einen Rucksack, der einfach zu schwer für sie war. Vielleicht suchte sie am Handy gerade nach einem Hospiz für ihre Mutter, vielleicht nach Behandlungsmöglichkeiten für sich. Vielleicht nach irgendetwas, was Corona weit wegrückte. Ich weiß das nicht.
Ich weiß aber, dass ihre Kinder ad hoc für eine verbindliche Kommunikation offen waren. Und das lässt doch hoffen, oder?
Da wir direkt hintereinander Achterbahn fuhren, haben wir uns zum Schluss noch angelächelt und »Daumen hoch« gezeigt.

Was wäre die Alternative gewesen?
Ich hätte nichts gesagt und mich die ganze Zeit über in der Schlange geärgert. Meinen Jungs wäre ich kein gutes Vorbild gewesen, und streng genommen hätte ich unsere Gesundheit riskiert. Und – und das vor allem – ich hätte drei wildfremden Kindern mit bösen Blicken versucht, ihr Fehlverhalten klarzumachen.
Und zu Hause hätte ich dann erzählt: »Disneyland war schön. Aber ignorante Menschen haste halt überall …«

Und genau deswegen ist gute Kommunikation so wichtig.

Find ich blöd!

Das Setting: Amelie fängt ihren neuen Job als Vertriebsmitarbeiterin bei einem Sportgerätehersteller an. Sie ist sowohl im Innen- als auch im Außendienst eingeplant und hat sich den Job genau aus dem Grund ausgesucht: Sie liebt Abwechslung. Und sie liebt autonomes Arbeiten, Verkaufen und den direkten Kontakt zum Menschen.

Einmal in der Woche trifft sie sich mit ihren Vertriebskollegen im Office. Hier soll ein offener Austausch stattfinden, jeder und jede darf über Erfolge und Erfahrungen berichten, sodass im Team ein motivierendes Miteinander entstehen kann.

Zu Beginn freut sich Amelie sehr auf diese Treffen, denn die gab es bei ihren vorherigen Jobs nicht. Den Chefs war es egal gewesen, ob und wie sich die Mitarbeiter motivierten, solange die Zahlen stimmten. Abgesehen davon möchte sie als neue Mitarbeiterin im Unternehmen gern dazugehören. *(Das ist übrigens ein Urwunsch des Menschen: Wir sind soziale Wesen und möchten einer Gemeinschaft angehören.)*

Jedoch gehen Amelies Vorstellung und die Realität dieser Meetings leider sehr weit auseinander. Denn statt sich gegenseitig zu motivieren oder sich über Kundenabsagen und andere Herausforderungen auszutauschen und womöglich gemeinsam neue, bessere Argumente zu finden, wird bei den Treffen nur gejammert.

Wie doof die Kunden sind.
Wie doof die Firma ist.
Wie alt die Firmenwagen sind.
Dass es kein Weihnachtsgeld gibt.
Dass das Gehalt nicht so ist, wie das Team es verdient hätte.

Amelie ist hoch motiviert in das Treffen hineingegangen – und völlig zerknirscht wieder herausgekommen. »Ich mag da einfach nicht mitjammern«, erzählt sie ihrer Freundin.
»Und wenn du versuchst, die anderen zu motivieren?«
»Das habe ich. Das wird gar nicht zugelassen. Die haben mich wie eine Verräterin angeguckt. Aber mir macht der Job nun mal Spaß, und den will ich mir nicht nehmen lassen.«

Eine ziemlich verzwickte Situation, nicht wahr?
Amelie möchte zwar zur Gruppe ihrer Arbeitskollegen und -kolleginnen dazugehören, aber sie möchte nicht mit ihnen mitjammern. Am liebsten möchte sie gar nicht mehr an den Team-Meetings teilnehmen, weil sie die Art der Kommunikation darin destruktiv findet und nicht weiß, wie sie sich verhalten soll.
Ihre drängendste Frage ist also, um es auf den Punkt zu bringen: Wie sage ich einer Gruppe (oder jemand Einzelnem), dass ich mit ihrem Verhalten/mit ihrer Kommunikation nicht einverstanden bin, es/sie sogar richtig blöd finde?

Sie können es so machen wie ich.
»Susi, ich werde jetzt gehen«, sagte ich zu der Gastgeberin einer Abendgesellschaft, zu der hinzugehen man mich quasi gezwungen hatte. Ich hatte von Anfang an gewusst, dass der Kreis der Reichen und aufgespritzt Schönen mit hochgestelltem Polokragen und lässig übergeworfenen Ralph-Lauren-Pullis nichts für mich ist. Diese Gesellschaft, das muss ich dazusagen, hatte mich auch immer blöd gefunden. Bis zu dem Tag, an dem ich zur Bestsellerautorin wurde.
»Ach, Liebes, warum denn? Geht es dir nicht gut?«, der Abend hatte relativ kurz nach irgendeiner OP stattgefunden.
»Doch, mir geht's super.«

»Dann hast du einen wichtigen Termin?«
»Nee, eigentlich nicht.«
»Aber warum gehst du dann?« Alle teuer überschminkten Augen waren auf mich gerichtet.
»Weil ich euch alle doof finde. Und ihr mich eigentlich auch. Tschöööö!«
Das kann ich Ihnen aber nicht empfehlen.

Was ich Amelie aber dringend empfehlen würde: Wenn du da nicht mitmachen willst, dann mach es nicht. Verbiege dich nicht, sag, was dir auf dem Herzen liegt beziehungsweise was dein Wunsch ist, aber belehre die anderen dabei nicht.
Also nimmt sich Amelie zur Unterstützung **unseren Leitfaden für schwierige Gespräche** zur Brust und fragt sich zuallererst: **Was will ich?**
- Ich will den Kontakt zu den Kollegen und Kolleginnen.
- Ich will aber nicht mitjammern.
- Ich will die Freude an meinem Job bewahren.

Und da haben wir schon Amelies Gesprächseinstieg beim nächsten Teamtreffen:
»Ihr Lieben, darf ich ganz kurz was loswerden? Ich bin hier ja noch die Neue, und deswegen fällt mir das gar nicht so leicht. Ich finde euch und die Arbeit ganz großartig, und mir macht das alles so viel Spaß, und ich möchte, dass das so bleibt …«

Außerdem nimmt sie sich vorab vor:
- Ich bleibe bei den **Fakten.**

Und Amelie hinterfragt ihr **Menschenbild,** korrigiert es möglicherweise zum Besseren und fragt sich:
- Warum tun meine Kollegen und Kolleginnen das?

Was auch immer dabei herauskommt und ihr das Verhalten ihrer Kollegen und Kolleginnen vielleicht verständlicher macht, Amelie möchte aber in jedem Fall **bei ihrem Ziel bleiben** und überlegt sich also:
- Wie kann ich meinen Wunsch gut rüberbringen?

Tadaaa! Das ist ihre Lösung:
»Bei mir kommt es so rüber, als wäret ihr nicht besonders zufrieden in eurem Job. Natürlich gibt es bestimmt Dinge, die besser laufen könnten, und vermutlich ist das Meeting für euch auch wichtig zum Druckabbau. Aber ich habe mich gefragt, ob es für euch denkbar wäre, wenn wir zu Beginn unseres Meetings erst mal erzählen, was alles *gut* gelaufen ist. Ich für meinen Teil möchte das sehr gern von euch hören, und ich glaube, es könnte uns alle motivieren.«

»Na ja, damit hat sie denen aber nicht gesagt, wie blöd sie sie findet«, werden Sie jetzt einwenden.
Das stimmt. Aber im Gegensatz zu meiner Reaktion in meinem Beispiel (die ich Ihnen ja aber auch nicht empfehle) hat sich Amelie vorher Gedanken gemacht, wie sie ihren Wunsch diplomatisch formulieren kann. Ich habe mein »Was will ich?« damals etwas unversöhnlich mit »Ich will hier weg!« definiert und es auch genauso gesagt.
Für Amelie und ihre Kollegen könnte Amelies Feststellung und Bitte aber ein erster Schritt in die richtige Richtung sein.
Ohne jegliche Garantie, dass es klappt.
Für den Fall, dass es nicht klappt und die Kollegen und Kolleginnen die gemeinsamen Treffen weiterhin als allgemeine Jammerstelle nutzen, wird Amelie die Formulierung ihres »Was will ich?« in der darauffolgenden Kommunikation vielleicht verändern in:

»Ihr Lieben, ich bin heute gekommen, um euch zu sagen, dass ich künftig nicht mehr an dem Meeting teilnehmen werde. Ich brauche einen anderen Austausch zur Motivation als ihr. Auf bald, tschüss.« Damit hätte Amelie sozusagen auf sehr diplomatische Weise gesagt: »Ich finde es nämlich blöd, wie ihr das macht.«

Und ja, Amelie gehört dann nicht mehr im vollen Umfang zum Kolleginnenkreis dazu. Und ja, das ist nicht schön, weil die Zugehörigkeit zu einer Gemeinschaft unser aller Urwunsch ist, wie wir wissen. Aber Amelie hat einen tollen Freundeskreis, ihre Familie und ihre Kunden, die gern mit ihr zusammenarbeiten und ihre Art der nach vorn schauenden Kommunikation schätzen. Einen Tod muss man manchmal bekanntlich sterben.

Übrigens: Es gibt natürlich nicht den *einen* richtigen Weg, wie Sie ein solches Problem für sich lösen können. Ich möchte Ihnen nur Varianten abseits von Notlügen aufweisen. Natürlich können Sie eine Party auch mit den Worten »Ich habe einen wichtigen Termin« verlassen, und auch Amelie könnte sich jede Woche was Neues überlegen, weswegen sie leider nicht am Team-Meeting teilnehmen kann. Nur 1.) sind die anderen nicht so blöd, dass sie das nicht mitbekommen würden, und 2.) kosten Notlügen Kraft und Gehirnschmalz: »Was habe ich das letzte Mal noch als Ausrede benutzt?« Sie brauchen aber doch Kraft fürs Leben, Feiern, Freuen, Leiden, Kümmern, Reden. Nicht für Notlügen.

Technik No. 7:
»Alles geschieht zu meinem Besten«-Brille auf!

Das Setting: Ich bekam eine Mail von einer Leserin, Frauke, 38. »Ich bin alleinerziehend mit zwei Kindern und einem Fulltime-Job. Und da sagt eine Freundin letztens zu mir: ›Du hast es gut! Hast ja jedes zweite Wochenende kinderfrei.‹ Mir fiel nichts Schlagfertiges ein, und ich bin mir auch nicht sicher, ob ich das gewollt hätte. Es ist doch meine Freundin. Aber das hat mich tief getroffen.«

Ich schrieb meiner Leserin:
»Liebe Frauke, wie gut ich verstehen kann, dass Sie sich angegriffen gefühlt haben. Besteht doch der Alltag einer alleinerziehenden Mama aus so viel mehr als aus zwei kinderfreien Wochenenden im Monat, nicht wahr? Und ich bin mir ganz sicher, dass Ihre Freundin das auch weiß.
Darf ich Sie um einen Gefallen bitten? Lesen Sie die Mail, die Sie mir geschickt haben, selbst noch mal durch. Aber vorher setzen Sie sich eine imaginäre Brille auf. Und zwar die ›Alles, was ich höre und sehe, geschieht zu meinem Besten‹-Brille. Und dann lesen Sie den Satz Ihrer Freundin noch mal und berichten Sie mir gern, was Sie dazu jetzt fühlen.«

Ein paar Stunden später:
»Vielleicht hat sie es gar nicht böse gemeint, sondern nur versucht, mich aufzumuntern und mir die guten Seiten meiner Lage aufzuzeigen.«

»Fragen Sie sie, liebe Frauke! Es ist doch Ihre Freundin.«

Ich weiß nicht, wie das folgende Gespräch im Detail abgelaufen ist, ich weiß nur, dass mir Frauke bald darauf schrieb, dass wieder alles gut sei.

Die Brille, die Sie aufsetzen, Ihre Wahrnehmung, Ihre Stimmung, Ihre Tagesform – all das macht den Unterschied. Wenn das mal nicht so rosig ist, ist das nicht so schlimm, nur menschlich. Es reicht völlig, sich das bewusst zu machen.
Ohne die »Alles, was ich höre und sehe, geschieht zu meinem Besten«-Brille hätte Frauke ihrer Freundin vielleicht irgendwann gesagt: »Du glaubst wirklich, dass das mein Bestreben ist, oder? Ein kinderfreies Wochenende. Abgesehen davon, dass ich gern Zeit mit meinen Kindern verbringe, ist es der Alltag, der mir oft die Kraft raubt. Und anstatt mich mal zu fragen, wie du mir helfen kannst, sagst du so einen Mist.«
Mit der Brille wäre es aber vielleicht dieser Satz:
»Du meinst das ganz sicher aufmunternd, wenn du mir so etwas sagst. Und ich mag dich genau dafür, dass du immer den Blick auf das Positive richtest. Aber manchmal bekomme ich das in den falschen Hals. Für mich klingt es so, als sei ich froh, wenn meine Kinder weg sind, oder als ob sie eine Belastung für mich wären.«
»O nein, das wollte ich gar nicht erreichen! Ich wollte dich wirklich nur aufmuntern.«

. . . .

Technik No. 7: »Alles geschieht zu meinem Besten«-Brille auf!
- Versuchen Sie, die Situation mit anderen Augen zu sehen.

Seien Sie hierbei gern kreativ:
- Wie würde Ihre Mutter die Situation sehen?
- Wie würde Angela Merkel reagieren?

- Wie würden Sie die Situation bewerten, wenn das ganze Universum auf Ihrer Seite stünde?
- Ihre Brille formt Ihre Wörter und ist somit der Einstieg in Ihre Kommunikation.

. . . .

Technik No. 1: Mitnehmen
Technik No. 2: Nichts überstülpen
Technik No. 3: Feedforward statt Feedback
Technik No. 4: Ziel über Gefühl
Technik No. 5: Zuhören
Technik No. 6: Applaus!
Technik No. 6.1: Verbindlichkeit
Technik No. 7: »Alles geschieht zu meinem Besten«-Brille auf!

. . . .

Technik No. 8: »Es tut mir leid«

Das Setting: Nina ist auf dem Weg ins Meeting. Sie hat es einberufen. Denn die Ergebnisse, die sie bisher von ihrem Team vorgelegt bekommen hat, sind für sie nicht zufriedenstellend.
»Ist das alles, was ihr bisher erreicht habt?«, fragt sie gereizter, als sie es eigentlich vorhat.
Das kleine Team, bestehend aus zwei Frauen und einem Mann, zuckt spürbar zusammen. Nina ruft sich selbst innerlich zur Räson. »In dem Ton erreichst du gar nichts«, sagt sie zu sich selbst.
»Okay, anders gefragt: Gibt es noch weitere Ergebnisse?«
Schweigen. Das Team hat sich von der ersten Zuckung noch nicht erholt.

»Gut. Dann hätte ich noch einen weiteren Vorschlag, wie wir den Karren aus dem Dreck bekommen«, wirft Nina ein und zeigt ihre Präsentation, an der sie allein gearbeitet hat. Ohne sich mit dem Team abzusprechen. Ohne einen Meinungsaustausch einzufordern. Der wäre aber hilfreich gewesen, denn Ninas Idee hatte das Team schon durchexerziert und für schlicht nicht praktikabel eingeschätzt. Aber genau das traut sich jetzt niemand zu sagen.

Wie könnte Nina ihr Team dazu bekommen, mit ihr zu sprechen, und zwar konstruktiv?

Bitte finden Sie heraus:
- Hat Nina ihre Grundierung beisammen?
- Wenn nicht, was fehlt?
- Welche Technik könnte sie außerdem anwenden?

Ich möchte Ihnen an dem Beispiel »Nina« zeigen, dass Sie selbst ganz schnell knifflige Situationen entschlüsseln können. Nicht immer lassen sich vorherrschende Konflikte sofort beseitigen, aber Sie können es schaffen, eine andere Richtung in der Kommunikation einzuschlagen.
Egal ob Sie selbst Nina oder ein Teammitglied sind.
- Hätten Sie für Nina eine Idee?
- Welche unserer Basiselemente haben ihr gefehlt?

Lassen Sie uns der Reihe nach schauen:
1. Vertrauen
- Glauben Sie, dass Nina Vertrauen in ihr Team hat?
- Und glauben Sie, dass das Team genug Vertrauen in Nina hat, um jetzt noch eigene Ideen einzubringen?
- Wahrscheinlich ist hier die größte Baustelle zu finden.

- Denn das Vertrauen ist ganz offensichtlich in beide Richtungen gestört.
- Nina hat ihrem Team von Beginn an nicht genügend Vertrauen entgegengebracht, um sich an der Lösungssuche zu beteiligen.
- Und dem Team fehlt es jetzt an Vertrauen, um der Chefin selbst konstruktiv zu widersprechen.

2. Grund dafür wird wohl unter anderem Ninas Menschenbild sein, das sie dazu veranlasst, auf dem hohen Ross zu sitzen. Genauso beim Team: Auch ihre Mitarbeiter haben von Nina ein vorgefertigtes Bild.
3. In dieser Kombination macht es das Zuhören auf beiden Seiten sehr schwierig. Da ist die Atmosphäre fast schon nebensächlich.
4. Und glauben Sie, dass Nina die »Was will ich wirklich?«-Frage für sich beantwortet hat? Will sie mit dem Meeting dem Team ihre Meinung aufdrücken, oder ist sie an einem ehrlichen Meinungsaustausch interessiert, um bessere Ergebnisse zu erzielen?

Wir können die Zeit nicht zurückdrehen. Was ist also zu tun?

Wenn Nina ad hoc einen anderen Weg einschlagen würde, dann könnte sie es so tun:

Sich entschuldigen
Wenn Sie, weil Sie ja reflektiert sind, alles für sich abgeklopft haben und feststellen, dass Sie diejenige sind, die auf dem Holzweg ist, dann nutzen Sie diese Technik. Sie öffnet Ihnen Welten!
»Es tut mir leid! Ich trage mit meinem Tonfall nicht gerade dazu bei, dass ihr jetzt noch Lust habt, eure Ergebnisse zu prä-

sentieren. Und überhaupt war mein Verhalten als Chefin suboptimal. Ich gelobe Besserung. Aber jetzt brauche ich eure Hilfe, damit wir die Kuh vom Eis bekommen. Meine Idee wäre wie folgt ... Wie schätzt ihr das ein?«
Wenn Ihnen das gelingt, bringen Sie einen Knoten zum Platzen, das verspreche ich Ihnen!
Hören Sie sich alles an, lassen Sie andere Meinungen zu, und, wenn nötig, können Sie auch so fortfahren:
Klarstellen: »Ich möchte nicht, dass der Eindruck entsteht, dass mir eure Ideen nicht gefallen oder ich euren Einwand zu meiner Idee nicht wichtig nehme, aber ich muss heute eine Entscheidung treffen.«
Gemeinsames Ziel finden: »Also, was wäre, wenn wir den Mittelweg gingen? Könnten wir diesen Weg wählen?«

Das könnte Ninas Weg werden, den sie jederzeit auch dann noch einschlagen kann, wenn es verzwickt erscheint.
Nina, und auch Sie, liebe Leserinnen, haben jederzeit die Macht, die Richtung zu ändern. Was Sie selbst aufbringen müssen, ist der Mut, es zu tun.

Lassen Sie uns auch noch die andere Seite betrachten: Angenommen, Sie sitzen in diesem Team.
Könnten Sie auch charmant die Chefin zur Räson rufen?
Ja, denn Sie können sich voller Vertrauen an unserem Leitfaden für schwierige Gespräche bedienen:
»Liebe Chefin, auch wenn es mir in der Runde nicht leichtfällt, aber ich muss Ihnen leider widersprechen. Mir ist an der Problemlösung mindestens so viel gelegen wie meinen Kollegen und Ihnen (»**Was will ich wirklich?**«: »Das Problem lösen« statt »dass das Meeting vorbei ist«).
Die von Ihnen vorgeschlagene Lösung hatten wir auch im

Kopf. Weil sie auch eine gute Idee ist. Aber aus Gründen XY ist sie nicht praktikabel (**Bleiben Sie bei den Fakten**). Wenn ich Sie richtig verstanden habe, müssen wir heute eine Entscheidung treffen. Wäre es für Sie denkbar, dass wir (…) noch mal durchdenken (**gemeinsames Ziel**). Ich bin mir sicher, dass wir im Team ganz schnell auf den richtigen Punkt kommen.«

- -

Technik No. 8: »Es tut mir leid«
- Es ist vermutlich für viele Menschen der schwerste Satzanfang überhaupt. Ich möchte Sie hier in aller Form dazu ermutigen, ihn zu versuchen. Da, wo es angebracht ist: Entschuldigen Sie sich!
- »Es tut mir leid, ich habe mich im Ton vergriffen.«
- »Es tut mir leid, ich sorge nicht gerade für eine vertrauensvolle Atmosphäre.«
- »Es tut mir leid, dass ich nicht richtig zugehört habe.«
- »Es tut mir leid, bitte lasst uns noch mal zurück auf Anfang gehen.«

- -

Technik No. 1: Mitnehmen
Technik No. 2: Nichts überstülpen
Technik No. 3: Feedforward statt Feedback
Technik No. 4: Ziel über Gefühl
Technik No. 5: Zuhören
Technik No. 6: Applaus!
   Technik No. 6.1: Verbindlichkeit
Technik No. 7: »Alles geschieht zu meinem Besten«-Brille auf!
Technik No. 8: »Es tut mir leid«

- -

Technik No. 9: Respekt

Leicht gesagt! Wie wir richtig rüberbringen, was nicht falsch ankommen soll.
So lauten der Buchtitel und das Versprechen.
Einen Punkt haben wir uns bisher noch nicht angeschaut. Ich sag Ihnen auch ehrlich, warum.
Weil ich den bei Ihnen voraussetze. Deswegen ist er bisher nicht aufgetaucht, aber er darf auch nicht ganz unter den Tisch fallen.

Das Setting: Julia ist Auszubildende in einer Behörde. Digitalisierung kennt man hier größtenteils aus den Nachrichten. In einem Meeting schlägt Julia für ein Projekt, an dem mehrere Mitarbeiter beteiligt sind, das Führen eines Onlinekalenders vor, in dem auch die einzelnen Aufgaben sichtbar gemacht werden können.
»Wir haben uns im Abi hiermit gut helfen können. Vielleicht ist das auch was für uns«, schlägt sie in der Runde vor.
Einige nicken, einige gucken fragend.
Und ihr älterer Kollege wirft ein: »Auf keinen Fall, wir haben das immer so hinbekommen. Wir können uns doch nicht so abhängig von der Technik machen.«
Julia hat schon als Siebzehnjährige die *Schlagfertigkeitsqueen* gelesen, und an humorvollen Antworten mangelt es ihr nicht.
Die Antwort »Ja, wir hatten auch mal 'nen Kaiser« schluckt sie allerdings ebenso runter wie ein eher freches »Hört, hört!«.
Denn Julia weiß, dass hier mehr Fingerspitzengefühl gefordert ist.
»Lieber Kollege, ich kann Ihre Skepsis total gut verstehen. Ich bin auch immer skeptisch, wenn ich etwas Neues probieren soll. Wir müssen uns bei dem Projekt nicht auf die Technik

verlassen, vielmehr auf Ihre Erfahrung. Und ich habe Erfahrung mit der Technik. In der Kombi müsste es doch gehen. Was halten Sie davon, wenn wir es einfach testen?«

Die Grundlage von Julias Antwort ist: Respekt.
Und aus Respekt leiten sich die unterschiedlichsten Methoden ab:
- Loben Sie jeden Einwand, jede Wortmeldung und jeden Gedanken.
- JEDEN!
- Und zeigen Sie für alle Bedenken erst mal Verständnis. Es ist nämlich keine Kritik an Ihnen, sondern die Angst vor etwas Neuem.
- Zollen Sie jedem Menschen Respekt für das, was er oder sie bis hierhin geleistet hat.
- Bauen Sie Vertrauen darin auf, dass wir die Arbeit nicht runtermachen, sondern weiterentwickeln wollen.

Sie merken, hier kommt vieles zusammen. Neben Respekt ist auch Julias Selbstbild alles entscheidend. Und Julias Antwort auf die Frage »Was will ich?«.
Wenn Sie jetzt sagen: Wie unrealistisch, dass das eine junge Frau so hinbekommt, dann kann ich Ihnen nur sagen, dass dieses Kapitel aus der Mail von Julia entstanden ist. Es ist genau so passiert, und ich dachte, Sie empfinden dies als genauso inspirierend wie ich.

Technik No. 9: Respekt
- **Zeigen Sie immer Respekt.**

Technik No. 1: Mitnehmen
Technik No. 2: Nichts überstülpen
Technik No. 3: Feedforward statt Feedback
Technik No. 4: Ziel über Gefühl
Technik No. 5: Zuhören
Technik No. 6: Applaus!
Technik No. 6.1: Verbindlichkeit
Technik No. 7: »Alles geschieht zu meinem Besten«-Brille auf!
Technik No. 8: »Es tut mir leid«
Technik No. 9: Respekt

. . . .

Teil 3:
Richtig unbequeme Dinge ansprechen – ein Leitfaden

Schon mehrfach haben wir den Unterschied zwischen akuter Schlagfertigkeit und guter Kommunikation erläutert. Lassen Sie ihn uns trotzdem noch einmal genauer betrachten.
Wenn Sie an einer Supermarktkasse stehen, eine unfreundliche Person sich vordrängelt und Ihnen an den Kopf wirft: »Sie sehen nicht so aus, als würde jemand auf Sie warten«, sollte Ihr einziges Ziel sein, sich von einem Wildfremden nicht den Tag versauen zu lassen. Hier brauchen Sie binnen drei Sekunden den passenden Konter. Genau darum geht es in der *Schlagfertigkeitsqueen*. Mögliche Antworten könnten sein:
»Und Sie sehen nicht so aus, als hätten Sie Höflichkeit gelernt, daher: Bitte, drängeln Sie sich gern vor!«
»Nur zu! Alter kommt ja bekanntlich vor Schönheit.«
An einer weiteren, gar guten Beziehung zu dieser Person sind Sie nicht interessiert, daher können Sie die Geschichte damit dann auch als erledigt betrachten. *Das* ist Schlagfertigkeit. Überlegungen, die auf Selbstzweifeln basieren, wie »O Gott, wie *sehe* ich denn aus?«, stehen dieser Schlagfertigkeit im Weg.

Gute Kommunikation geht mehrere Schritte weiter, wie wir an den schon beschriebenen Beispielen gesehen haben. Schlagfertigkeit ist in Momenten gefragt, die uns sehr unvorbereitet treffen, im Gegensatz dazu gibt es aber Situationen, Beziehungen, Konflikte, vor allem zwischenmenschlicher Art, die sich über Wochen, Monate, gar Jahre steigern und weiterentwickeln können.
Am Ende stehen dann wirklich, wirklich unangenehme Themen, die niemand gern freiwillig anspricht, sondern sie lieber unter den Teppich kehrt. Bekanntermaßen hat so ein Teppich aber nur begrenzt Stauraum unter sich, bevor es auffällt.
Diese unausgesprochenen Dinge aber, an die sich keiner rantraut, die haben oftmals verheerende Auswirkungen auf das

menschliche Miteinander, sei es auf eine Beziehung im Privaten oder Beruflichen. Daher möchte ich Ihnen jetzt einen Leitfaden für die wirklich »fiesen« Gespräche im Leben an die Hand geben. Die, die wirklich niemand führen will, deren Themen Sie aber belasten, wenn sie unausgesprochen bleiben. Um nur ein paar Beispiele von Gesprächen zu nennen, die Sie führen müssten, aber von denen Sie keine Ahnung haben, wie Sie sie anpacken sollen:

- Die Mitarbeiter kommen immer zu spät.
- Die Kollegin riecht komisch.
- Sie vermuten, Ihr Mann hat eine Affäre.
- Ihre Freundin erzieht ihr Kind zum absoluten Quälgeist.
- Ihr Partner hat viele Kilos an Gewicht zugelegt, und Sie finden das mehr als unattraktiv.

Streng genommen müssen Sie natürlich nicht immer den Karren aus dem Dreck ziehen. Wenn Sie aber Chefin sind und diesen unangenehmen Geruch bei einem Ihrer Mitarbeiter feststellen, dann kann ein Nicht-Ansprechen der Sache weitreichende Konsequenzen haben. Sie merken zum Beispiel, wie die anderen Kollegen über diesen Menschen lästern, ihn ausgrenzen, und das, obwohl er eine gute Arbeit macht. Ist es da nicht gar Ihre Pflicht, es anzusprechen?
Oder aber bei der Freundin mit dem Kind, das jede Zusammenkunft nahezu unmöglich macht … Die ganze Zeit verlangt es nach Aufmerksamkeit, und aus Ihrer Sicht reagiert Ihre Freundin immer falsch darauf. Das geht so weit, dass Sie Bauchschmerzen haben, wenn die beiden bei einer Einladung zusagen. Wenn Sie zum Ziel haben, dass die Beziehung weiter gut verläuft, ist es dann nicht auch da Ihre Pflicht, etwas zu sagen? Schon vor sich selbst?

Nur: WIE? Wie starte ich solche wirklich unangenehmen bis hin zu schlimmen Gesprächen?

Wir, meine Damen, machen jetzt Folgendes: Wir schauen uns ein Beispiel an, versuchen daraus eine Art Leitfaden zu entwickeln, dessen Grundlage unsere schon erarbeitete Basis ist, und dann – üben wir!

Schon wieder zu spät
Das Setting: Ihre Freundin und Joggingpartnerin ist ständig unpünktlich. Sie verabreden sich via WhatsApp auf dem Waldparkplatz, und es ist das dritte Mal in Folge, dass sie zu spät kommt. Das nervt Sie extrem! Sie stehen auf dem Parkplatz und steigern sich in Ihren Ärger so hinein, dass es, als Ihre Freundin endlich eintrifft, wie folgt aus Ihnen herausplatzt:
»Mich hier eine Stunde warten zu lassen ist respektlos! Ich habe Besseres zu tun, als hier blöd rumzusitzen. Das war ja nicht das erste Mal. Kommt das noch mal vor, bin ich weg! Dann kannst du allein joggen gehen!«
Zack.
Können wir bestimmt alle nachvollziehen.
So eine Reaktion ist menschlich.
Aber führt sie uns ans Ziel? Was für ein Ziel verfolgen wir denn mit unserem Gepolter überhaupt? Im oben genannten Beispielsatz geht es uns in erster Linie offenbar darum, Luft abzulassen. Aber mehr ist es dann auch nicht. Außer dass wir vielleicht auch noch eine Freundschaft aufs Spiel setzen.
Was möchten Sie mit dem Ansprechen der Unpünktlichkeit aber eigentlich erreichen?
Fragen Sie sich: **Was möchten Sie *wirklich*?**
- Ich will nicht warten müssen.
- Ich will die Beziehung nicht kaputt machen.
- Vielleicht möchte ich sogar wissen, warum sie mich warten

lässt. *(Denn mit einem freundlichen Menschenbild muss ich zumindest in Erwägung ziehen, dass mich meine Freundin nicht extra hat warten lassen. Vielleicht trägt sie einen Rucksack mit sich, den ich noch nicht kenne ...)*

Schauen wir uns die Situation genau an: Was sind darin Tatsachen, die dem Realitätscheck standhalten, und was sind »nur« Ihre Gefühle?

Der richtige Tonfall und Vertrauen:
»Wir waren um 10 Uhr verabredet, du bist um 11 Uhr gekommen. Ich habe eine Stunde gewartet. Und das war nicht das erste Mal. Letzte Woche waren wir um 13 Uhr verabredet, und ich habe dreißig Minuten auf dich gewartet.«

Bis hierhin zählen Sie nur die Fakten auf. Gern in einem ganz ruhigen Tonfall, denken Sie da dran: Sie brauchen Vertrauen!

Das Menschenbild:
»Gibt es dafür einen Grund?«

Im Gegensatz zu »Das ist respektlos« spiegelt dieser Satz ein Menschenbild wider, in dem Sie davon ausgehen, dass Sie einen netten Menschen vor sich haben. Darum fragen Sie erst mal nach. Interpretieren Sie noch nicht.

Jetzt hängt der weitere Verlauf des Gesprächs natürlich von Ihrem Gegenüber ab.
Wir gehen erst mal vom Worst Case aus, dass Sie ein lapidares und leicht unfreundliches »Mir ist was dazwischengekommen. War doch nicht so lange ...« zu hören bekommen.

Dann dürften Sie sich jetzt noch mal die Frage stellen:
Was will ich? – Ich möchte nicht mehr warten.

»Okay. Das kann passieren. Aber du kannst bestimmt auch nachvollziehen, dass ich in Zukunft weder warten möchte noch warten werde. Oder?«
»Jaja ...«
Dann bleibt abzuwarten, was in Zukunft geschehen wird.

Vertrauen, die richtige Atmosphäre und Zuhören:
Vielleicht antwortet Ihr Gegenüber auf Ihre Frage nach dem Grund aber auch nervös. Mit einer Geste, die Sie nicht sofort einordnen können. Dann merken Sie vielleicht: Ihrer Freundin fehlt Vertrauen. Sie könnten mit »Du kannst offen mit mir reden, wenn du magst« nachjustieren. *(Achtung, Basis: Aufrichtiges Interesse am Menschen, also zuhören können und wollen, das unterstelle ich Ihnen jetzt einfach mal, liebe Leserinnen.)*

Jetzt könnten Hunderte Erklärungen folgen, von denen Sie keine Ahnung hatten:
- furchtbarer Ehestreit
- Auto kaputt, kein Geld für Reparatur
- kranke Mutter in der Pflege
- eigene Gesundheit

Und auch hier stellen Sie sich wieder die Frage:
Was will ich?
Vielleicht drängt sich eine Antwort nun weiter in den Vordergrund, die vorher eher im Hintergrund lauerte:
- Ich will die Beziehung nicht kaputt machen.

Sie haben das Gefühl, helfen zu müssen. Aber ich möchte Sie hier gar nicht dazu ermutigen oder gar nötigen, überall helfen

zu müssen. Das können und brauchen Sie nicht! Fragen Sie sich darum ganz ehrlich noch mal:
Was wollen Sie?
- Ich will kein ungehobelter Klotz sein und die Gefühle meines Gegenübers verletzen, aber ich möchte leider immer noch nicht unabgesprochen warten.

Und darum könnte Ihre Antwort folgende sein: »Das tut mir leid, und ich kann gut nachvollziehen, dass dich das Zeit gekostet hat. Ich möchte nicht den Eindruck erwecken, dass ich deine Probleme nicht ernst nehme, und wenn es irgendwas gibt, was ich tun kann, sag es bitte. Ich möchte dich aber trotzdem bitten, wenn du absehen kannst, dass so etwas noch mal passiert: Ruf mich an und gib mir Bescheid.«

Leitfaden für schwierige Gespräche

- Die Frage vorab ist: **Was will ich wirklich?**
- Bleiben Sie bei den Fakten! Benennen Sie das, was nicht interpretationsfähig ist (»Wir waren um 10 Uhr verabredet, du kamst um 11 Uhr«).
- Korrigieren Sie gegebenenfalls Ihr Menschenbild: Gehen Sie bei Ihrem Gegenüber von einem guten Menschen aus und stellen Sie ihm die Frage: »Gibt es dafür (in unserem Beispiel: das Zuspätkommen) einen Grund?«
- Sorgen Sie über den richtigen Tonfall und die Wortwahl für eine Atmosphäre, die dazu einlädt, sich zu öffnen, und die Vertrauen schafft (»Du kannst offen mit mir reden«).
- Hören Sie dann aufrichtig zu.
- Sie können versuchen, den Wunsch Ihres Gesprächspartners im Gesagten zu erkennen und ihn, wenn nötig, auf die Gefühlsebene zu bringen, wie im Beispiel von eben: Vielleicht antwortet die Freundin auf das erneute Verspäten: »Meine Mutter ist gerade zu

Besuch.« Das ist für Sie streng genommen noch keine Erklärung, warum sie zu spät ist. Daher könnten Sie sich rückversichern mit: »Verstehe ich das richtig, du möchtest deine Mutter im Moment nicht allein lassen?« Gleichen Sie den Wunsch Ihres Gegenübers mit Ihrem eigenen Wunsch und Ziel ab und prüfen Sie, ob beide vereinbar sind.
- Versuchen Sie, von dieser Basis aus neue Wege zu gehen.

Schauen wir mal, bei welchen schwierigen Themen wir unseren Leitfaden noch unter Beweis stellen können.

Übungen zu »Wirklich unbequeme Dinge ansprechen«

Übung 1: »Du bist dick geworden«
Das Setting: Sie sind seit drei Jahren mit einem wundervollen Partner liiert. Dieser hat in den letzten Monaten arg an Gewicht zugelegt. Wir reden nicht von drei Kilo, sondern von guten fünfzehn. Das steht unausgesprochen zwischen Ihnen, zumindest Ihrerseits. Obwohl Sie von sich selbst behaupten, kein oberflächlicher Mensch zu sein und Ihren Partner nicht wegen seiner Figur zu lieben, stört Sie diese Gewichtszunahme aus mehreren Gründen:
- Aus Ihrer Sicht lässt sich Ihr Partner »gehen«, macht keinen Sport mehr und liegt stattdessen nach Feierabend auf der Couch.
- Sie finden Ihren Partner so tatsächlich viel weniger attraktiv.
- Ihr Partner selbst thematisiert das Problem mit keiner Silbe und zieht weiter die schon viel zu engen Klamotten an, als ob sie ihm noch passen würden.

Sie haben schon folgende Anspielungen und damit geschickt die **Technik »der Spiegel«** anzuwenden versucht:

»Heute Abend koche ich uns mal etwas ganz Gesundes, Schatz! Und was hältst du danach von einem langen Spaziergang? Ich habe mich in der letzten Zeit viel zu wenig bewegt.«
Der dezente Spiegel fürs Gegenüber kann ein ganz tolles Mittel sein. Bei einem Spaziergang könnten Sie dann auch noch locker ins Plaudern kommen: »Ich vermisse unseren gemeinsamen Sport total! Was meinst du, schaffen wir es wieder, das in unseren Alltag zu integrieren?«
Leider reagiert Ihr Partner anders, als Sie sich das erhofft hatten. Statt eines »O ja, das würde mich freuen. Dann schaffe ich es auch bestimmt, meine Kilos wieder runterzubekommen!« hören Sie: »Ich bin abends im Moment immer so geschafft. Das liegt bestimmt an der Frühjahrsmüdigkeit.«
Auch andere Anspielungen wie »Schau mal, ich habe ein Foto vom letzten Jahr gefunden. Wie wir da aussahen!« oder Ihre Bemerkung, als Sie den Nachbarn beim Joggen sehen: »Toll, wie der sich fit hält!«, rufen zwar ein Nicken, aber nichts weiter hervor.
Selbst die Brechstange »Die Hose saß auch schon mal lockerer, Schatz« führt nicht zum tiefschürfenden Gespräch, sondern nur zu einer schlagfertigen Antwort seinerseits: »Du kochst halt so gut, Liebling!«

Anmerkung am Rande: Meine Damen, können Sie sich auch nur im Entferntesten vorstellen, wie wir Ladys bei »Die Hose saß auch schon mal lockerer« zusammenzucken würden? Vielleicht reichen Sie auch ad hoc die Scheidung ein. Weil Männer meist mit einem besseren Selbstbild gesegnet sind und dadurch wirklich nur das direkt Gesagte hören und nicht, wie Sie es vielleicht gemeint haben könnten, kommen Sie unter Umständen mit diesen subtilen Äußerungen also nicht weiter.

Machen Sie sich gern bewusst, dass die gerade beschriebene Technik in anderen Fällen durchaus helfen kann. Es sind ja alles ganz wunderbare Sätze, um ins Gespräch zu kommen. Nur in diesem Fall reicht sie offenbar nicht.
Sie belastet die körperliche Veränderung Ihres Partners aber nun mal sehr. Daher nehmen Sie sich vor, ein zielführendes, klärendes Gespräch anhand Ihres neuen Leitfadens zu führen.

Zur Erinnerung:
- Fragen Sie sich: **Was will ich wirklich?** Für mich, die Beziehung?
- Bleiben Sie bei den **Fakten** und formulieren Sie Ihre Irritation nur anhand von diesen.
- Führen Sie sich Ihr **Menschenbild** zu Gemüte und fragen Sie sich, warum Ihr Partner dahin gekommen sein könnte, wo er ist.
- Achten Sie auf Ihren **Tonfall**, schaffen Sie eine **Atmosphäre** und letztlich **Vertrauen,** damit sich Ihr Gegenüber Ihnen öffnen kann.
- **Hören Sie** Ihrem Partner **zu!**
- Erkennen Sie den **Wunsch Ihres Gegenübers** und **gleichen Sie ihn mit Ihren Wünschen/Zielen ab.** Schauen Sie, ob beide miteinander **vereinbar** sind.
- Von da aus suchen Sie nach **echten Lösungen** für Ihr Ziel.

Sie legen für sich fest: Ich liebe diesen Menschen. Und ich wünsche mir, dass unsere Beziehung das, was sie ausmacht, nicht verliert. Ein aktives, gesundes Leben fällt für mich ebenso darunter wie körperliche Attraktivität. Und ich will, dass wir uns so vertrauen, dass wir solche Dinge auch ansprechen können.
Das ist Ihre Basis.

Im Auto, auf dem Weg zum Einkaufen, sprechen Sie Ihren Partner an:
»Liebling, ich möchte gern etwas ansprechen, was mir nicht leichtfällt.«
»Okay. Was denn?«
»Mir ist aufgefallen, dass du zugenommen hast. Relativ viel. Um das vorwegzunehmen: Ich möchte nicht, dass bei dir der Eindruck entsteht, dass ich dich deswegen weniger liebe, aber ich möchte dir doch gern sagen, dass ich dich früher noch attraktiver fand. Als du auch noch aktiver warst. Ich frage mich einfach, woran es liegt, dass sich das verändert hat.«
Achten Sie auf seine Reaktion!! Ist genügend Vertrauen da, sich zu öffnen?
Wir spekulieren mal: »Oh, ich wusste nicht, dass dir meine Figur so wichtig ist. Aber gut, nehme ich halt ab.«
Sie spüren, dass er sich angegriffen fühlt, und Sie wissen, dass das in der letzten Konsequenz nur auf mangelndes Vertrauen (in die Beziehung, in sich als Partner, in Sie als Frau, in sooo vieles!) schließen lässt.
»Ich höre an deiner Stimme, dass es dich irritiert, dass ich das angesprochen habe, und das kann ich nachvollziehen. Mir ist aber unsere Beziehung wichtig, und ich habe so viel Vertrauen in uns, dass ich es genau aus diesem Grunde angesprochen habe. Mir ist wichtig, zu erfahren, warum das passiert ist.«
»Ich werde wohl einfach zu viel gegessen haben. Aber alles gut, ich nehme wieder ab.«
Noch immer ist das Vertrauen nicht ganz da.
»Fühlst du dich denn wohl?«
»Ja klar.«
»Okay, das ist mir auch wichtig. Kannst du denn nachvollziehen, dass ich es angesprochen habe?«
Schweigen.

»Wenn es dir damit besser geht.«
»Liebling, lass uns doch gemeinsam nach einer Lösung suchen. Ich will dich nicht verletzen, und du bist mir wichtig. Vielleicht sehe ich ja auch nicht alles. Vielleicht stehst du gerade besonders unter Stress und brauchst viel Nervennahrung. Möglicherweise kann ich darin auch etwas tun. Ich möchte gern mit dir glücklich sein.«
»Das will ich doch auch. Und du hast ja recht … Ich fühle mich schon auch unwohl, aber finde den Dreh gerade nicht …«
Jetzt haben Sie ihn so weit, dass Sie gemeinsam nach Lösungen suchen können.
Ob es am Ende so funktioniert, wie Sie es sich erhofft haben, ob Ihr Partner wirklich abnimmt oder nicht, das können wir an dieser Stelle nur vermuten. Aber was wir sicher wissen: Sie haben das belastende Thema von der Seele und alles getan, was Ihnen über den Weg der guten Kommunikation möglich ist. Den ganzen Rest können wir uns in diesem Buch nicht anschauen.

In diesem Beispiel mussten wir mehrfach in unseren Steps des Leitfadens zurückspringen. Mehrfach mussten Sie für Vertrauen sorgen und Ihr Ziel nach vorn stellen. Und genau dafür ist es so immens wichtig, es genau zu kennen. Nur so werden Sie auch immer dabei und damit bei sich bleiben.
Sonst wären Sie vielleicht schon bei »Oh, ich wusste nicht, dass dir meine Figur so wichtig ist. Aber gut, nehme ich halt ab« raus gewesen. Sie wären vielleicht ins Schwimmen gekommen und hätten mit »Das habe ich doch gar nicht gesagt! Jetzt dreh mir nicht das Wort im Mund rum« geantwortet. Ihr Ziel wäre jetzt plötzlich gewesen, sich selbst zu verteidigen, um nicht blöd dazustehen. Oder gar, Ihren Partner nicht zu verärgern.
»Wie soll ich das denn sonst verstehen? Nur weil ich mal ein

paar Kilos mehr auf der Waage habe. Und uns Männern sagt man nach, wir seien oberflächlich ... Dass ich nicht lache!«
Von diesem Punkt an wäre der Weg ein weiter gewesen. Sie hätten das Gespräch unter Umständen abbrechen und ein andermal weiterführen müssen. Wenn Ihnen das wiederum nicht gelingen würde, könnte sich dieser Konflikt in Zukunft zuspitzen.
Bis eines Abends bei Freunden:
»Willst du noch einen Nachschlag?«
»Würde ich gern. Aber meine Freundin findet, dass ich fett geworden bin.«

Anmerkung am Rande: Es gar nicht anzusprechen ist natürlich auch eine Möglichkeit, meine Damen. Aber keine, die in einem Kommunikationsbuch sinnvoll ist. Denn wozu würde das vielleicht führen? Dass Sie das, was Sie bedrückt, runterschlucken, still weiterbeobachten und es Ihrem Partner bei allen zukünftigen Streitereien aufs Brot schmieren oder es zumindest im Subtext mitschwingt. So entstehen Pauschalverurteilungen wie: »Du hast den Müll nicht runtergebracht. Und überhaupt lässt du dich doch schon seit Monaten gehen ...«

Übung 2: »Du riechst nicht gut«
Das Setting: Sie arbeiten im Einzelhandel, und Ihre Kollegin riecht für Ihren Geschmack sehr streng. Nicht nur, dass Sie selbst das stört, Sie bekommen auch mit, wie die Kunden die Nase verziehen. Sie mögen die Kollegin sehr und haben es schon mit »dem Spiegel« versucht:
»Mein Gott, ist das heute warm. Mein Deo versagt«, in der Hoffnung, dass sie es auch auf sich bezieht.
Oder auch schon mal etwas deutlicher:
»Was riecht denn hier so streng? Riechst du das auch?«
Beides hat nicht gefruchtet.

Weil Sie sich nicht trauen, dieses sensible Thema direkt anzusprechen, reden Sie sich ein, dass das auch gar nicht Ihre Aufgabe sei. *Da soll sich doch die Abteilungsleitung drum kümmern. Ich mache mich doch hier nicht unbeliebt,* so Ihr innerer Dialog. Andererseits bekommt die Abteilungsleitung das Problem offenbar gar nicht mit. Was vielleicht auch besser ist, denn die verantwortliche Dame ist recht schroff im Ton und fände vermutlich viel zu harte Worte. Und das wiederum täte Ihnen für die Kollegin sehr leid, denn sie ist doch so eine Nette.
Kurzum: Dieses Thema frisst Ihre Ressourcen.

Als Trainerin in Firmen habe ich bereits mehr als einmal mitbekommen, wie solche oder ähnliche sensible Themen, die nicht angesprochen werden, unter der Oberfläche gären. Es wird über die betreffende Person geredet, das wiederum bekommt diese natürlich mit, kann es nicht einordnen und bleibt wegen eines unguten Gefühls und verstörten Selbstbewusstseins hinter ihren beruflichen Möglichkeiten zurück.
Ich möchte Sie an dieser Stelle darum abermals ermutigen, auch hochbrenzlige Themen anzusprechen. Ob Sie jetzt Kollegin, Freundin oder Chefin sind: Im richtigen Ton können Sie ALLES sagen!
Damit Sie ihn auch nicht wieder vergessen, schauen wir uns ein letztes Mal anhand dieses Beispiels unseren Leitfaden an:

- Fragen Sie sich: **Was will ich wirklich?** Für mich, die Beziehung?

Ich möchte meine Kollegin nicht verletzen. Aber ich möchte auch ehrlich zu ihr sein, weil mich der starke Körpergeruch doch sehr stört und ich auch mitbekomme, dass hinter ihrem Rücken über sie geredet wird. Und ich will nicht, dass unsere Arbeitsbeziehung darunter leidet.

- Bleiben Sie bei den **Fakten** und formulieren Sie Ihre Irritation nur anhand von diesen.

Das ist in diesem Fall etwas schwieriger, weil ein Geruch streng genommen eine subjektive Empfindung ist. Die betreffende Kollegin scheint ihn offensichtlich anders wahrzunehmen.

- Führen Sie sich Ihr **Menschenbild** zu Gemüte und fragen Sie sich, warum Ihre Kollegin nichts gegen den eigenen Körpergeruch unternimmt.

Vielleicht sind es Ursachen, die Sie gar nicht auf dem Schirm haben.

- Achten Sie auf Ihren **Tonfall**, schaffen Sie eine **Atmosphäre** und vor allem **Vertrauen,** damit sich Ihr Gegenüber Ihnen öffnen kann.
- Dann **hören Sie** Ihrer Kollegin **zu!**
- Erkennen Sie den **Wunsch Ihres Gegenübers** und **gleichen Sie ihn mit Ihren Wünschen ab.** Schauen Sie, ob beide miteinander **vereinbar** sind.
- Von da aus suchen Sie nach **echten Lösungen** für Ihr Ziel.

Los geht's!
Sie entschließen sich dazu, dieses Gespräch in der Mittagspause zu führen, und fragen Ihre Kollegin, wir nennen sie Sandra, ob sie mit Ihnen eine Runde spazieren geht.

»O ja, gern. Dann holen wir uns unterwegs 'ne Kleinigkeit zu essen auf die Faust, okay?«

»Ja, das ist eine gute Idee«, freuen Sie sich, dass Ihr Vorschlag angenommen wurde.

Als Sie beide ein frisches Brötchen auf der Hand haben und Ihren kleinen Spaziergang unternehmen, fassen Sie sich ein Herz. »Sandra, ich arbeite so unglaublich gern mit dir! Das wollte ich dir schon längst mal gesagt haben.«

»Wirklich?«, Sandra errötet. »Das ist total lieb von dir.«

»Ja, und genau deswegen, weil ich dich so sehr schätze, traue ich mich jetzt einfach mal, etwas anzusprechen. Etwas, was mir wirklich arg auf der Seele liegt.«
Sandra bleibt stehen, und Sie sehen ihr an, dass ihr das Herz in die Hose rutscht.
»Nix Schlimmes! Bitte mach dir keinen Kopf! Nur etwas, von dem ich nicht möchte, dass es zwischen uns steht.«
»Jetzt bin ich aber gespannt«, sie entspannt sich ein bisschen, und Sie nehmen den Spaziergang gemeinsam wieder auf.
»Okay. Also: Ich nehme an dir ab und an einen unangenehmen Geruch wahr. Und der passt so gar nicht zu dir. Ich habe den Eindruck, als würdest du ihn gar nicht wahrnehmen.«
Natürlich gibt es jetzt mehrere Szenarien, wie Sandra reagieren könnte.
Sie könnte pampig reagieren mit: »Willst du mir etwa sagen, dass ich stinke?«
Dann würden Sie erkennen, dass sie gekränkt ist. Und das, hatten Sie sich vorher überlegt, wollen Sie nicht.
»Sandra, ich möchte dich auf keinen Fall verletzen. Aber ich habe mir überlegt: Was würde ich wollen? Würde ich wollen, dass man mich darauf aufmerksam macht oder nicht? Und da wir ein so gutes Verhältnis haben, wollte ich das Thema nicht unausgesprochen lassen.«
Vielleicht würde sie aber auch sofort einlenken mit: »Was?? O Gott, wie peinlich! Wann nimmst du den wahr?«
»Schon relativ frühmorgens, zu Beginn der Arbeit …«
»Wie gut, dass du das sagst! Ich selbst rieche ja nicht so gut.«
»Das habe ich mir fast gedacht. Hast du denn eine Idee, was dir helfen könnte, um das in den Griff zu kriegen?« Geben Sie selbst noch keine Lösung vor, sondern: Hören Sie zu!
»Wahrscheinlich muss ich meine Oberteile regelmäßiger waschen …«

Oder aber sie versucht, das Thema direkt zu beenden mit: »Das wird nie wieder vorkommen!«
Dann würde ich Ihnen noch einen abschließenden Satz empfehlen:
»Danke, dass du mir nicht übel nimmst, dass ich das angesprochen habe. Wenn du unsicher bist, dann bin ich gern deine Nase. Und jetzt lass uns noch ein Eis essen!«

»Leicht reden« ist das, was Sie in der Hand haben. Sandras Reaktionen sind an dieser Stelle natürlich nur Mutmaßungen. Aber Sie sollten solche Gespräche, sofern ein Thema Sie belastet, nie unversucht lassen.

Anmerkung am Rande: Übrigens, genau dieses Thema wird unter Männern etwas unkomplizierter gelöst. Es ist kein Klischee, sondern ein kurzer Tatsachenbericht.
Im Büro:
»Boah, Lars, du stinkst! Geh mal duschen!«
Lars schnüffelt an sich selbst: »Ja, stimmt. Mach ich. Bis gleich!«
So geht's natürlich auch ...

Geheimtipp 1:
Genießen Sie es!

Geben Sie es zu!
Die Vorstellung, dass Sie solche Gespräche führen müssen, löst bei Ihnen nicht gerade die höchsten Glücksgefühle aus.
Es gibt ja auch wahrlich Schöneres, als Ihren Kolleginnen ihren unangenehmen Körpergeruch vor den Latz zu knallen.
Und nur für dieses »O Gott, was für einen Berg habe ich mit

diesem Gespräch bloß vor mir!«-Gefühl habe ich einen Geheimtipp für Sie.
Keiner, der Ihre Kolleginnen wohlduftender oder Ihren Partner schlanker macht, aber einen, der vielleicht Ihre Perspektive ändert.
Mein Geheimtipp für solche Gespräche ist:
Genießen Sie es!
Genießen Sie es, dass Sie in der Position sind, dass Sie solche Gespräche führen *können*.
Denn was bedeutet das?
Sie haben eine Kollegin, die Sie mögen.
Sie haben einen Partner/eine Freundin/wen auch immer an Ihrer Seite.
Das heißt doch im Umkehrschluss: Sie sind eine Dame mit sozialen Kontakten. Beruflich wie privat.
Und Sie bringen außerdem die Kompetenz mit, solche Gespräche führen zu können.
Und wer weiß, vielleicht wird's ja auch ein Megagespräch! Die Annahme, dass es kein gutes werden könnte, entspringt ja nur Ihrer Erfahrung aus der Vergangenheit (und der Thematik natürlich). Oder Ihrem persönlichen Kopfkino. Oder auch mangelnder Erfahrung.
Aber wer sagt denn, dass es JETZT ein schwieriges Gespräch wird? Kann es nicht auch genauso gut andersrum laufen? Dass es das beste Gespräch Ihres (bisherigen) Lebens sein wird?
Also können Sie es auch gleich von Anfang an genießen!
Und wenn es doch doof laufen sollte, dann lag es garantiert nicht daran, dass Sie keine Angst davor hatten, sich keine Gedanken gemacht haben, nicht nervös auf Ihren Fingernägeln herumgekaut haben. Und schon mal gar nicht daran, dass Sie diesem Gespräch die Chance gegeben haben, das beste Ihres Lebens zu werden.

Meiner Meinung nach ist die Basis für diesen Genuss am Reden übrigens unsere so wahnsinnig wichtige Wunderwaffe **Dankbarkeit**. Aus meiner Erfahrung heraus bekommen Sie mit ihr ALLES hin. Und das Gute ist: Dankbar zu sein kostet Sie nichts, und Sie gehen kein Risiko ein, wenn Sie es damit versuchen.

Lassen Sie uns einfach dankbar für die Möglichkeit des Redens sein.

Dankbar dafür, dass Sie einen Partner haben, der keine Lebensmittelunverträglichkeit hat.

Dankbar dafür, dass die Schwiegermutter noch lebt, anstatt genervt zu sein, dass sie rumnörgelt.

Dankbar dafür, dass die Kollegin in Ihrem Leben ist.

Klingt verrückt?

Versuchen Sie es!

Geheimtipp 2:
Besser nicht

Vielleicht haben Sie sich bis hierhin ab und an ertappt gefühlt. Möglicherweise haben Sie schon öfter gedacht, dass Sie auf eine ganze Reihe von Gesprächen und Situationen zurückblicken, die Sie hätten besser machen können.

Die erste gute Nachricht, meine Damen: Das geht uns allen so! Keine von uns führt ein Leben, das voll von guten Kommunikationsbegegnungen ist.

Aber: Das ist alles Vergangenheit. Keine Situation kommt zurück. Ob vor oder nach diesem Buch. Natürlich, Sie könnten den- oder diejenige auch heute noch anrufen, wenn Sie das wollen, und »Tut mir leid, das ist doof gelaufen« sagen, aber diese Möglichkeit hat man nicht immer, oft ist der Zug leider abgefahren.

Und jetzt kommt die zweite gute Nachricht: Was Sie aber machen können, ist, heute noch mal auf die vergangenen Situationen und Gespräche zu schauen und es *andersrum* anzugehen.

Damit meine ich: Holen Sie sich Ihre vergangenen nicht so gut gelaufenen Gespräche gedanklich noch mal zurück und versuchen Sie zu erkennen, was darin NICHT zu einer guten Kommunikation gehört.

Hiermit eröffnen wir nun die **»Besser nicht«-Rubrik,** die wir nach und nach befüllen, wenn wir auf Formulierungen stoßen, die uns nicht zielführend erscheinen. Sie können (und sollten) diese Rubrik natürlich gern beliebig weiterführen, auch nach dem Lesen dieses Buches. Denn oftmals ist genau das die Brücke, die uns fehlt: zu erkennen, was uns gerade *nicht* weitergeholfen oder die Situation sogar verschlimmert hat, ob nun aus unserem Mund oder aus dem unseres Gegenübers.

Wenn wir zum Beispiel feststellen, dass wir mit Drohungen ein Riesenproblem haben, auf das wir ganz allergisch reagieren, dann gilt das wohlmöglich auch für unsere Kinder (»Wenn du jetzt nicht aufräumst, dann gibt's Fernsehverbot!«).

In der Verhandlungssprache (nach Schranner) gilt übrigens: Wer droht, steht mit dem Rücken zur Wand. Die Drohung ist das letzte (hilflose) Instrument, das wir zücken, wenn wir nicht mehr weiterwissen.

Was tun wir also mit dieser in der Vergangenheit liegenden, unschönen Kommunikation?

Wie immer gilt: Das Gewesene ist passé. An die Vergangenheit kommen Sie nicht mehr ran. Was Sie jetzt noch machen können: Sie haben die Möglichkeit, Ihr Gegenüber darauf anzu-

sprechen. »Sei mir nicht böse, aber bei Drohungen bin ich raus. Lass uns gern auf einer anderen Basis weiterreden.«
Oder aber Sie haken es für sich ab. Dann seien Sie aber bitte ebenso konsequent und drohen auch *Sie* niemandem.
Auf diese Weise können wir schiefgelaufenen Gesprächen aus der Vergangenheit wenigstens noch etwas abgewinnen, um es für die Zukunft besser zu machen.

Machen Sie sich gern Notizen für Ihre »Besser nicht«-Liste. Sie wissen ja: Wer schreibt, der bleibt!

»Besser nicht«-Liste
- keine Drohungen
- …
- …
- …

Blablablabla? – UNBEDINGT!

In der großen Hoffnung, dass dieses Buch *nach* der Coronakrise erscheint, wünsche ich mir, dass der Satz »Wenn wir rückblickend auf die Zeit schauen« dann wirklich rückblickend ist. Schon im letzten Buch hegte ich diesen frommen Wunsch, der aber leider nicht über den Status eines Wunsches hinausging.
Seit über einem Jahr tagt die Welt über Zoom.
Oder MS Teams.
Oder BigBlueButton.
Oder was weiß ich.
Wir tagen, treffen und meeten uns online.
Und es gibt immer eine Agenda, ein strenges To-do.

Das ist großartig. Keine Frage. Weil es produktiv, zeitsparend und zielgerichtet ist.
Aber, wenn Sie mich fragen, fehlt – abgesehen von den echten menschlichen Schwingungen – ein bisschen Blabla.
Mal abschweifen.
Ein bisschen rumblubben.
So gar nicht zielgerichtet.
Sich und die Gespräche, in denen man sich bewegt, einfach mal treiben lassen.
Und auch hier die goldene Mitte finden.
Natürlich, so habe auch ich in einem meiner Vorgängerbücher beschrieben, habe ich selbst schon erlebt, wie viel Zeit in »Live«-Meetings verloren gehen kann. Aber die ewigen, nur auf Produktivität ausgerichteten Onlinetreffen töten viel Kreativität ab.
Wenn Sie jetzt einwenden: »Ja, aber so ein gezieltes Kreativmeeting, das kann man doch auch online machen«, dann gebe ich Ihnen zwar recht. Aber ganz ehrlich: Können Sie nach anderthalb Jahren dieses Rechteck noch sehen?! Dieses digitale Rechteck? Und dazu gern diverse technische Hänger und Verzögerungen? Vielleicht bin ich ein bisschen mimimi, aber ich atme oft einfach auf, wenn ein Onlinemeeting vorbei ist und ich mich nicht dreimal neu einwählen oder so tun musste, als würde ich auch abgehackte und absolut unvollständige Sätze mit verpixelter Übertragung natürlich super verstehen.

Um der vergangenen, sehr besonderen und auch anstrengenden Zeit etwas abzugewinnen, müssen wir sie vielleicht so einsortieren:
Was habe ich vermisst?
(Und was eigentlich nicht?)

Und dann kommen wir vielleicht wieder dahin, wovon ich persönlich schon so lange überzeugt bin: Es ist der Wechsel, den wir brauchen und darum vermissen. Die Gegensätze. Ob im Job, im Privaten oder auch bei so etwas Besonderem wie der Suche nach Glück.

Wenn immer nur die Sonne scheint, wissen Sie die irgendwann nicht mehr zu schätzen. Sprich: Im Prinzip benötigen wir den Regen, um uns an der Sonne zu erfreuen.

Natürlich ist es toll und bequem und zeitsparend, wenn Sie sich auch mal ganz bequem von zu Hause aus online dazuschalten können; aber irgendwann freut man sich doch auch darauf, wenn man sich mal wieder untenrum schick machen kann, oder?

Es ist prima, wenn Sie eine Weiterbildung von zu Hause aus machen können und Sie später nicht mit den ungeliebten Kollegen noch einen trinken gehen müssen. Aber es wäre doch schön, wenn Sie es *könnten*. Wenn *Sie* die Wahl hätten. Erst dann sind wir als Menschen überhaupt wieder in unseren sozialen Fähigkeiten gefragt. Und auch die muss man trainieren, sonst verliert man sich allzu schnell in Bequemlichkeit und Menschenscheu. Im Moment noch gilt der Satz: »Leider ist ja Corona.« Aber (hoffentlich, hoffentlich) bald braucht es dann schon eine Ausrede, um sich nicht mehr »in echt« treffen zu müssen.

Was passiert also, wenn wir immer nur produktiv Dinge online abarbeiten?

Wir verpassen eine wahnsinnig wichtige Gelegenheit, uns und unsere Gedanken und Wörter einfach mal treiben zu lassen, indem wir den echten, zwischenmenschlichen Austausch und seine Schwingungen zulassen und leben. Denn der ist online nur schwer, wenn überhaupt, nachzuempfinden.

Vielleicht liegt es daran, dass »online« nicht alle Sinne angesprochen werden. Vielleicht müssen wir uns riechen, schmecken (Sie wissen, wie ich das meine), fühlen ... eben die ganze Palette. Samt Schminken und Abschminken. Vielleicht gehört das für uns als Mensch alles dazu, damit wir richtig eintauchen und »verstehen« können.

Mein mutiger Vorschlag ist also: Lassen Sie uns für nach der Krise ein ganz zielbefreites Meeting planen, in dem nur blöd gelabert wird und der Weg das Ziel ist.

Anmerkung am Rande: Wenn Sie in der Coronakrise für sich herausgefunden haben, was Sie gar nicht vermisst haben, dann nutzen Sie das, wenn der normale Alltag wieder einkehrt: Erinnern Sie sich daran und versuchen Sie, Ihr Leben von Dingen, die Sie hemmen und stören und nerven, zu befreien. Zu irgendetwas muss diese Krise doch gut sein.

Klare Signale

Wir haben uns in diesem Buch einige Techniken angeschaut, mit deren Hilfe wir, gepaart mit wohlüberlegten, liebevollen und respektvollen Worten, an unser Gegenüber herankommen können. Uns Gehör verschaffen und Beziehungen pflegen können.
Was aber, wenn Sie diese Zeit nicht haben?
Oder die Möglichkeiten nicht besteht, sich der Worte bedienen zu können?
Na, ganz klar, wir lernen von denen, die es können!

Das Setting: Großer Vergnügungspark, noch in der Pandemie, nach der ersten Impfwelle und mit ersten Lockerungen. Es gelten immer noch die AHA-Regeln.
Wir besuchen eine Show. Der Einlass findet geregelt und mit Abstand statt. In dem großen Theater sind schätzungsweise dreihundert Personen, vielleicht auch mehr.
Aber wie regelt man, dass die Menschenmenge am Ende der Show nicht geballt zum Ausgang läuft? Und zwar ohne böse Absicht, sondern im wohlverdienten Freudentaumel.
Die Stimmung ist ausgelassen, alle schwingen noch nach, singen und summen vor sich hin, von oben rieseln Seifenblasen auf ein grenzenlos fröhliches Publikum, die Kinder jubeln.
Wie schafft man es jetzt also, diese glückliche Menge wieder einzufangen und gesittet nach draußen zu leiten, ohne die Stimmung zu zerstören?
Ich sage es Ihnen: Man positioniert drei freundliche, aber stattliche junge Menschen gut sichtbar vor der Menge. Es ist gut geschultes Personal, kein klassisches Sicherheitspersonal, optisch abgehobene Personen, die allein durch ihr Auftreten keinen Raum für Diskussionen zulassen. Sie wirken nicht unfreundlich oder angsteinflößend, aber klar und bestimmt, und es ist für mich und die zweihundertneunundneunzig anderen Menschen völlig klar: Ihr Wort zählt.
Wobei: Wörter nutzen sie gar nicht. Dafür sind es zu viele Menschen, und es ist viel zu laut. Aber sie haben die Kraft der Signale.
Alle drei strecken die Arme nach vorn hin aus, die Hände mit gespreizten Fingern – und dreihundert Menschen aus den unterschiedlichsten Nationen wissen: STOPP!
Es wird still, alle halten inne und warten gebannt auf weitere Anweisungen.
Was mich persönlich am meisten freute, Sie mögen mir das

verzeihen: Zwei von dreien waren Frauen! Junge, gestandene Frauen, die so viel Autorität ausstrahlten und damit Respekt hervorriefen, dass ich ein bisschen Gänsehaut bekam.

Zwei Ladys signalisierten dem Publikum, dass es sich bitte wieder hinzusetzen hatte, indem sie die Hände einfach in einer kleinen Bewegung gen Boden führten. Der Dritte teilte seinem Publikumsabschnitt mit, dass er sich langsam Richtung Ausgang bewegen sollte. Und so funktionierte der Auslass völlig zwischenfallsbefreit und coronakonform.

Und was passierte beim Publikum? Das machte hoch motiviert mit. Als freute es sich, Teil eines Ganzen zu sein und seinen Part dazu beitragen zu können, dass alles gut funktioniert.

Vielleicht ist es meiner kitschigen, von Menschenliebe getränkten Wahrnehmung geschuldet, aber ich meine beobachtet zu haben, dass die Menschen diese Art der Kommunikation geradezu genossen. Weil sie so klar war, so fair, freundlich und der Sache geschuldet. Und weil die drei federführenden Personen es schafften, ganz deutlich zu signalisieren »Wir freuen uns, dass ihr da seid und den Tag genießt« und zeitgleich: »Aber beachtet: Wir sind gerade die Chefs, ihr macht bitte, was wir euch sagen.« Die Stimmung haben sie damit nicht zerstört. Weil sie nicht einschüchterten und auch nicht distanziert wirkten. Ganz im Gegenteil. Mit jeder Faser ihrer Aura strahlten sie aus: »Wir machen das für eure und unser aller Gesundheit.« Und sie strahlten eben genau das aus, was sie fühlten. Wofür sie standen. Was ihre Überzeugung war.

Was können wir daraus lernen?
Vielleicht, dass wir öfter mal die Klappe halten und genau hinsehen sollten?
Vermutlich.

Aber auch, und das ist den meisten von Ihnen bestimmt nicht neu, dass Körpersprache einen viel größeren Teil unserer Kommunikation ausmacht als Wörter. Mit unserer Körpersprache zeigen wir unserem Gegenüber meist sehr genau, was wir wirklich meinen.
Und damit sind wir wieder bei unserer Basis angelangt, und zwar bei Vertrauen und unserem Menschenbild.

Hätten die drei Personen nämlich nur Verachtung für ihr Gegenüber, in dem Fall das Publikum, empfunden, hätten sie das auch ausgestrahlt. Wir brauchen auch gar nicht so weit zu gehen und dieses harte Wort »Verachtung« benutzen. Es reicht schon, wenn sie sich genervt gefühlt hätten. All unsere subjektiven Empfindungen nehmen Einfluss auf die Atmosphäre, in der wir kommunizieren – ob nun mit Wörtern oder unserem Körper.
Und die wiederum nimmt in unserem Beispiel Einfluss auf das Publikum und die Bereitschaft der »Gehorsamkeit«. Vielleicht hätte es das Ordnungspersonal nicht so leicht gehabt, wenn es mit mürrischen Gesichtern und genervtem Augenrollen vor uns gestanden hätte. Sie hätten vermittelt: Nur euretwegen haben wir hier Arbeit. Und wir hätten gedacht: Wir bezahlen viel Geld, wir wollen auch unseren Spaß haben.
Wenn wir das Ganze zu Ende denken, dann hätte diese Einstellung auf beiden Seiten wiederum Einfluss auf alles Weitere: Der Veranstalter müsste für die nächste Saison mehr Sicherheitspersonal auffahren. Das würde die Ticketpreise erhöhen, inklusive Unzufriedenheit. Sie merken: Gute Kommunikation macht letztlich die Welt besser!

In solchen Fällen, also dann, wenn Sie auch »körperlich« Verantwortung übernehmen müssen, müssen Sie gegebenenfalls ein Stück weit auf dem hohen Ross sitzen. Zumindest gespielt. Sie können mit den Parkbesuchern nicht diskutieren und im Zweifel leider auch nicht zuhören. Dafür bekommen andere unserer wichtigen Basispunkte jedoch eine solche Gewichtung (Vertrauen, Atmosphäre, Menschenbild, »Was will ich?«), dass eines der Elemente auch gut mal ausbüxen darf, wenn es denn dem Erreichen des Ziels geschuldet ist.

Anmerkung am Rande: Hundebesitzer/-innen kennen die Kraft der klaren Signale. So konnte ich meinem Hund über mehrere Meter Entfernung über ein schlichtes Handzeichen signalisieren, dass er Platz nehmen sollte, wenn Gefahr im Verzug war. Und auch bei meinen Kindern verwende ich klare Signale, wenn die Geräuschkulisse zu groß ist, um sich mit Wörtern zu verständigen. Ich kenne Ladys, die haben mit einem Blick Ehen beendet. Ich muss Ihnen daher nicht erklären, was nonverbale Signale für eine immense Kraft besitzen.

Fazit:
Wenn Sie, aus welchen Gründen auch immer, in einem gewissen Setting die Obrigkeit darstellen und die organisatorische Verantwortung innehaben, dann seien Sie sich bitte Ihrer nonverbalen Kommunikation und Ausstrahlung bewusst. Und dann: Nutzen Sie sie!
Andere Situation, gleiche Voraussetzung: Wenn Sie Chefin sind von einem Team, das Sie durch eine Veranstaltung führen müssen, das muss nicht unbedingt bei dem Besuch eines Vergnügungsparks sein, sondern zum Beispiel während eines von Ihnen veranstalteten Events, dann ist es Ihre Aufgabe, das Team vorab in die *gewünschte Stimmung* zu bekommen. Von außen betrachtet wirkt eine solche Teamzusammenkunft vielleicht wie eine abgeschwächte Form des neuseeländischen Ha-

kas. Aber lassen Sie sich nicht verunsichern, sondern bleiben Sie bei Ihrem Ziel. Und stellen Sie nicht Ihre eigene Rolle infrage.

Machen Sie Ihrem Team bewusst, welch wichtige Bedeutung Sie für den Abend haben. Legen Sie Ihren Spirit offen! Das, was Ihre Vision ist, und impfen Sie es Ihrem Team im richtigen Ton ein. Setzen Sie allen die gleiche »Es geschieht zu meinem Besten«-Brille auf, Sie wollen als Team auftreten, und nehmen Sie alle mit in die große Verantwortung.

Vielleicht lächeln Sie jetzt ungläubig und sagen: »Das ist doch nun wirklich übertrieben bei einem kleinen Event.«

Dann kann ich Ihnen aus Erfahrung nur sagen: Es ist das, was Sie in der Hand haben. Es kostet Sie nichts, und Sie werden überrascht sein, wie viel Auswirkung Sie damit auf Ihr Team haben.

Kleine Techniken

Ich möchte Ihnen nun noch ein paar kleine Kommunikationstechniken mit auf den Weg geben. Die ein oder andere ist bereits im Buch angedeutet worden.

Was für ein Gefühl?

Wenn Sie vom Verhalten Ihres Kollegen, Ihres Mannes oder Ihrer Freundin irritiert sind, kann es helfen, sich über Gefühle zu nähern. Ganz im Gegensatz zu unserer Technik »Ziel über Gefühl«, in der wir gelernt haben, die eigenen Emotionen eher zu vernachlässigen, kann bei Menschen, die Ihnen nahestehen, die Gefühlsebene weiterhelfen.

Wenn Sie ein Wochenende mit Ihren Freundinnen in einer anderen Stadt verbringen wollen und Ihr Freund reagiert zickig, dann *kann* der Grund Eifersucht sein. Gar keine Frage. Sollte das aber eine Seite sein, die Sie noch nie an ihm gesehen haben, könnte sich auch etwas anderes dahinter verbergen. Sorge, zum Beispiel. Dann könnten Sie seinen Satz »Muss denn dieser Trip wirklich sein?« anders, liebevoller und gnädiger einsortieren und ihm vielleicht ein besseres Gefühl geben, indem Sie ihm versichern, nie allein unterwegs zu sein und sich nicht in zwielichtigen Gegenden herumzutreiben. Vielleicht könnten Sie ihm sogar anbieten, sich einmal am Morgen und einmal am Abend bei ihm zu melden, um ihm zu versichern, dass alles in Ordnung ist. Wie weit Sie da gehen wollen, bleibt aber ganz Ihnen überlassen.

Aber Achtung: Es gibt einen Grund, warum ich diese doch so wichtig erscheinende Technik nur so klein bedenke, denn: Liebe Ladys, wir sind ohnehin selbst ernannte »*Ich* weiß wie er fühlt«-Denkerinnen. Und ich möchte nun auf keinen Fall, dass Sie eine Situation überdeuten und sich darin womöglich verlieren! Und leider, so zeigen zumindest meine fast vierzig Jahre Lebenserfahrung, ist es eben doch meist nur schnöde Eifersucht.

Behalten Sie diese Technik trotzdem gern als ganz, ganz kleine Erinnerung im Kopf. Wenn Sie die Gefühlsebene Ihres Gegenübers nachvollziehen können (es versuchen), hilft das zumindest insoweit, als dass Sie in Ihren Reaktionen gnädiger werden, und das ist dann ja auch wieder gut für Sie selbst.

Kommunikation auslagern

Genauso wenig, wie Sie alles aushalten müssen, müssen Sie im Leben alles allein klären. Sie dürfen Dinge auslagern.
Der Steuerberater übernimmt die Gespräche mit dem Finanzamt.

Die Freundin übernimmt vielleicht ein nerviges Behördentelefonat, weil Sie das zeitlich nicht schaffen.
Wenn Sie Probleme in der Partnerschaft haben, suchen Sie sich jemanden, dem Sie vertrauen, der Sie vielleicht coachen kann, das Gespräch wieder aufzunehmen. Und im allerschlimmsten Fall übernimmt ein Anwalt die Kommunikation und vertritt Sie in Ihrem Interesse.
Wenn Sie ein schwieriges Arztgespräch vor sich haben, fragen Sie einen Vertrauten, ob er Sie in der Vorbereitung unterstützt, damit Sie nichts vergessen, oder gar begleitet.
Das geht nicht immer, klar.
Aber hier und da lohnt es sich zumindest, unsere Möglichkeiten des Auslagerns zu überprüfen.
Andersrum gilt genauso: Wenn Sie mitbekommen, dass eine Freundin Unterstützung braucht, helfen Sie ihr. Oder schenken Sie ihr dieses Buch. Oder beides.

Lächeln
Ich glaube bis heute, dass ich die ein oder andere mündliche Prüfung nur geschafft habe, weil ich mit einem lächelnden »Guten Morgen, zusammen!« den Raum betreten habe.
Ein Lächeln kostet Sie nix!
Und keine Sorge, Sie müssen kein künstliches aufsetzen. Wenn Sie mit unserer Grundierung ins Gespräch einsteigen, kommt es sowieso ganz von allein.
In einem meiner Vorgängerbücher berichtete ich davon, was für eine Chance uns ein Lächeln schenkt. Das Hirn lässt sich nämlich täuschen. Sie können nicht nur lächeln, wenn Sie glücklich *sind*, Sie können sich durch ein Lächeln auch glücklich *machen*. Dann denkt Ihr Hirn, salopp gesagt: »Ach, guck, hier wird gelächelt, dann gibt's wohl Grund, glücklich zu sein. Da bin ich dabei!«

Anmerkung am Rande:
Womöglich lächeln Sie schon viel in Gesprächen mit Geschäftspartnern, in der Bäckerei oder sonst wo. Aber bitte überprüfen Sie mal für sich, wann Ihre Lieben daheim, Ihr Mann, Ihre Frau, Ihre Kinder, Sie zum letzten Mal haben lächeln sehen.

Noch 'ne Anmerkung am Rande:
Neben all den anderen Stolpersteinen der Pandemie war es aus meiner Sicht einer der größten, dass in der öffentlichen Kommunikation die Hälfte unseres Gesichts verdeckt war. Ein Lächeln blieb unsichtbar und musste oft mühsam durch viele andere Bausteine der Kommunikation ersetzt werden.

Reden ist Silber, Schweigen ist …
Gold. Dieser Tipp geht an alle, die eher viel reden, andere gern unterhalten und daher oft den Hut des Alleinunterhalters aufhaben.
Solche Menschen halten Schweigephasen in einer Unterhaltung nur schwer aus. Wir haben das Bedürfnis, zu füllen und den Druck der Stille für alle rauszunehmen.
Nur weil Sie es können, also nur weil Sie einen Saal unterhalten können, müssen Sie es aber nicht immer tun.
Ich war schon auf Partys eingeladen, da guckten mich alle ganz erleichtert an und dachten: »Gott sei Dank, die Alleinunterhalterin ist da!« Auch wenn ich keine Lust dazu habe, und auf privaten Partys nicht mal Gage beziehe, ziehe ich mir den Schuh an.
Und dieses Laster oder diese Fähigkeit – wie Sie wollen – neige ich auch gern mal in privaten Gesprächen auszupacken. Und das ist weder förderlich noch schön.
Darum sage ich auch Ihnen, ganz in Ihrem Sinne und gar nicht (nur) im Sinne der anderen: Sie dürfen einfach nichts sagen

und sich zurücklehnen. Die anderen dürfen, sollen, müssen auch mal. Erst recht, wenn sie mit einem Problem zu Ihnen kommen. Das will ja, wie wir gelernt haben, erst mal raus und bedarf außer Zuhörens keinerlei Alleinunterhalterfähigkeiten. Ebenso verhält es sich, wenn Sie Vorträge oder Seminare halten, und Sie stellen an Ihre Gruppe eine Frage. Bis drei zählen reicht aus meiner Erfahrung nicht aus. Eher langsam bis fünf. In der Schweiz sehr langsam bis dreißig.
Pausen und Stille sind nichts Schlimmes.
Halten Sie sie aus oder, besser noch: Genießen Sie sie.

Der Notfallknopf: Wenn nichts mehr geht ...

Dass es Menschen gibt, mit denen man nicht reden und diskutieren kann, werden wir noch bei »Sie dürfen gehen« (Seite 184) sehen.
Nur, wie gehen wir damit um, wenn Ihr eigentlich der Kommunikation fähiges Gegenüber auf Ihren umgesetzten Leitfaden nicht anspringt? Auch das habe ich in Ansätzen durch das Buch bereits durchscheinen lassen.
Trotz größtmöglicher Vorbereitung und angewandter Grundierungstechniken ist es ja schlussendlich nur ein Versuch, zum Gegenüber durchzukommen, und keine Garantie.
Was aber, wenn sich alles verfährt?
Auch davor brauchen Sie keine Angst zu haben. Sie können im Zweifel einfach das Gespräch beenden. Und gehen: »Es tut mir leid. Ich hatte mit dem Gespräch eine gute Absicht, aber wir zwei finden heute wohl nicht zueinander. Was hältst du davon, wenn wir in ein paar Tagen einen neuen Versuch starten?«
Manchmal ist das so.
Und das ist nicht schlimm und auch keine vertane Chance.
Ehe wir uns hochschaukeln, alles vergessen, was wir gelernt haben, dürfen Sie diesen Notfallknopf drücken.

Ruhig mal emotional werden

All unsere Techniken schützen Sie nicht wirklich vor Ihren Emotionen. Sollen Sie auch gar nicht. Ihre Emotionen, sprich: Gefühle, sind das, was Sie ausmachen.

Sie unterscheiden Sie von der künstlichen Intelligenz. Computer können alles ausrechnen, berechnen, kalkulieren und vorhersagen, und sie können sogar Rasen mähen und den Einkauf bestellen, aber sie können bei Ihrem Kind kein Aua wegpusten und es in den Arm nehmen.

Sie können nicht trösten, lachen und weinen.

Aber *Sie* können und *sollen* das!

Ihre Emotionen stehen einer guten Kommunikation nicht im Weg. Manchmal vielleicht Ihrem Ziel, wie wir uns im Kapitel »Ziel über Gefühl« angeschaut haben (Seite 94).

Ich persönlich finde es nicht schlimm, wenn man Emotionen sieht.

Sollten Sie das aber anders sehen und den Wunsch haben, dass Sie wie Frau Merkel immer souverän und emotionslos (das ist nicht negativ gemeint!) daherkommen wollen, es Ihnen aber nicht gelingt, so ist das kein Grund, Schamgefühle zu entwickeln.

Wenn Sie es schaffen – das ist ein bisschen Übungssache –, gehen Sie in der Situation aus sich heraus und schauen Sie von oben. Und dann gelingt Ihnen vielleicht das:

»Ihr merkt, ich werde gerade emotional. Das war nicht meine Absicht, zeigt aber schlussendlich nur, wie sehr mir das Thema an die Nieren geht ...«

SOS-Strategie: Panik vermeiden

Meine Damen, ich hoffe inständig, dass Sie niemals in Ihrem Leben Ihren Lieben, Ihren Kindern, auch nicht Ihren Kolleginnen oder Ihren Mitarbeitern *ganz* schwierige, gar furchtbare Dinge vermitteln müssen; dass Sie niemals zum Beispiel die passende Kommunikationsbasis und -technik als Reaktion auf eine Bombendrohung brauchen. Aber vielleicht können wir uns von den Profis in Ausnahmesituationen trotzdem etwas abgucken und dies in unseren (wahrscheinlicheren) Alltag mit möglichen Krisensituationen einbauen.

Eine Bombe – oder »Lasst uns eine Polonaise machen!«
Im Jahr 2003 feierten die Kölner ausgelassen Karneval. So wie wir das immer tun, es sei denn, es grassiert ein Virus.
Neben dem klassischen Straßenkarneval feiern wir auch gern in der Kölnarena. In der »lachenden Kölnarena«.
8500 Jeckinnen und Jecken pilgern dann in die Arena, oft samt Bollerwagen, Frikadellen, belegten Brötchen, Käsewürfeln und Co. Die Stimmung ist ausgelassen und unglaublich friedlich. Ich kann das beurteilen, weil ich nahezu jedes Jahr Teil davon bin.
An einem Donnerstagabend geht in der Kölnarena um kurz vor 20 Uhr ein Telefonanruf ein. Ein Unbekannter weist darauf hin, eine Bombe platziert zu haben. Die Kripo wird informiert, und sie durchsucht in kürzester Zeit zusammen mit dem heimischen Sicherheitsdienst die gesamte Location. In einem Technikraum entdecken sie einen herrenlosen Koffer. Kurz danach geht ein erneuter Anruf ein, dieses Mal bei der Feuerwehr. Innerhalb kürzester Zeit sind Kampfmittelräumdienst und die gesamte Feuerwehr der Region informiert, während die 8500 Jeckinnen und Jecken friedlich schunkeln und feiern.

Um 20:45 Uhr klingelt zum dritten Mal das Telefon, und der Unbekannte sagt, dass die Bombe um 21:13 Uhr hochgehen wird.
Die Verantwortlichen entscheiden: Wir müssen evakuieren. Und zwar sofort.
Und wie evakuiert man in Köln?
Man spricht mit der Gruppe, die als nächste auf die Bühne soll (für die Köln-Kenner unter Ihnen: Brings), und entscheidet sich dann gemeinsam für folgende Kommunikation für die Massen:
»Leev Jecke (Liebe Jecken), wir machen jetzt einen Weltrekordversuch! Lasst uns gemeinsam die längste Polonaise der Welt machen!«
Nach zwölf Minuten ist die Halle leer, und alle Menschen sind außer Gefahr.
Die Bombendrohung stellt sich im Nachhinein als Fake heraus. Gott sei Dank. Und in dem Koffer befinden sich Bühnenutensilien.
Erst als alle in Sicherheit sind, werden die Menschen informiert. Auch das führt zu keiner Panik, geschweige denn dazu, dass die Kölner sich die Lust zum Feiern nehmen lassen. Die Jecken und Jeckinnen beglücken einfach die angrenzenden Kneipen und schenken ihnen das Geschäft ihres Lebens.

Auch wenn ich nicht glaube, dass Sie in naher Zukunft einen Festsaal evakuieren müssen, lassen Sie uns die Kommunikationsstrategie in dieser besonderen Lage einmal genau ansehen: Das primäre Ziel (»**Was will ich?**«) war: »Wir müssen evakuieren«, in einem Atemzug allerdings mit »ohne eine Panik auszulösen«.
In diesem Fall haben die Verantwortlichen auf die **Darstellung der reinen Faktenlage verzichtet,** um keine Massenpanik aus-

zulösen. Die Entscheidung ist blitzschnell gefallen, nämlich die Menschen mit Worten und einer konkreten Aufforderung genau da abzuholen, wo sie waren: im Feiermodus. Eingeweiht wurde nur der engste Kreis, damit die Strategie durch nichts gefährdet werden konnte.

Auch müssen wir uns nicht fragen, warum der Unbekannte eine Bombendrohung ausgesprochen hat. Beziehungsweise sollten das die Expertinnen und Experten natürlich im Nachhinein tun, um künftige Drohungen solcher Art zu vermeiden, aber für den akuten Notfallplan spielt das keine Rolle. Hier ist Schnelligkeit im Handeln und Kommunizieren gefragt.

Sie können sich sicherlich ausmalen, was passiert wäre, wenn der Frontmann »Wir haben eine Bombendrohung erhalten und müssen den Saal umgehend evakuieren. Bitte bewahren Sie Ruhe!« übers Mikro hätte verlauten lassen. Den essenziellen Hinweis »Bitte bewahren Sie Ruhe!« hätte niemand mehr gehört, weil längst alle in Panik geraten wären. Und Menschen in Panik, die sind zu keiner rationalen Handlung mehr fähig.

Was können wir uns hieraus mitnehmen?
Wenn Sie **wirklich schwierige Dinge zu übermitteln** haben, Dinge, die bei Ihrem Gegenüber Panik auslösen könnten, dann behalten Sie **folgende Fragen** immer im Hinterkopf:
- **Was ist mein höchstes, wichtigstes Ziel?** (Ohne Panik den Saal zu evakuieren.)
- **Wer muss wie viel wissen?** (Die zu rettenden Jecken und Jeckinnen müssen erst mal gar nichts wissen. Wohl aber die Band, die das ganze Manöver einleiten und fröhlich-musikalisch begleiten soll.)
- **Wie hole ich mein Gegenüber am besten ab?** (Den Jeckinnen und Jecken zu sagen »Wir machen einen Weltrekordver-

such im Backen« hätte nur Irritationen ausgelöst und wäre nicht zielführend gewesen.)

Sie haben für diese Überlegungen und das Zurechtlegen Ihrer darauf ausgerichteten Kommunikation im besten Fall Zeit. Sie können sich vorbereiten. Wenn Sie nicht gerade Ihre Familie aus einem brennenden Haus befreien oder flüchten müssen. Allein das können, nein, *müssen* wir schon als Geschenk annehmen *(Dankbarkeit!)*. Wohl wissend, dass es auf der ganzen Welt Menschen gibt, für die Flucht, Bombendrohung und Krieg nahezu alltägliche Szenarien sind.

Arzt und Patientin

Zu Beginn des Buches habe ich Ihnen die Geschichte von meiner nicht ganz so glücklichen Arztbegegnung erzählt. Mit dem ersten Arzt, der den Tumor im Ultraschall entdeckt hat und »Ach ja, da ist ein Tumor. In Ihrer Haut möchte ich jetzt aber nicht stecken« zu mir gesagt hat. Nach allem, was Sie bis hierhin gelesen und vielleicht auch gelernt haben, frage ich Sie: Glauben Sie, es hätte eine bessere, einfühlsamere Art gegeben, dies zu übermitteln?
Etwas, was meine Panik vielleicht nicht hätte ins Unermessliche steigen lassen?
Wenn wir unseren gelernten und mittlerweile auch geübten Leitfaden zugrunde legen, dann hätte der Arzt sich vorher die Frage stellen müssen: »**Was will ich?**«
Und weil er Arzt ist und diesen Beruf frei gewählt hat, unterstelle ich ihm folgende Antwort: »Ich will meiner Patientin helfen.«
Die Fakten wären: Die Mittel sind dafür in meiner Praxis nicht ausreichend, daher muss sie in ein Brustzentrum.
Meinetwegen hätte er sogar bei »In Ihrer Haut möchte ich

nicht stecken« bleiben können, denn das hat er garantiert wirklich so empfunden, wenn er die Antwort auf sein »Was will ich?« noch um »Meine Patientin nicht schockieren/in Panik versetzen« erweitert hätte. Denn dann hätte das Ganze vielleicht so geklungen:
»Sie haben richtig getastet. Ich sehe das hier auch im Ultraschall, kann aber aus meiner Position nicht sehen, ob es sich vielleicht auch nur um eine harmlose Zyste handelt. Aber genau dafür gibt es die Mammografie/das Brustzentrum/Spezialisten. Meine Assistentin sucht Ihnen die passenden Adressen raus, und wenn möglich, telefonieren wir auch gern schon direkt für Sie. Wäre das okay?«

Ich wäre vermutlich trotzdem in Panik geraten.
Aber ich würde Ihnen heute anders von der Begegnung berichten.

Kurzum, es hätte ganz sicher andere Wege der Kommunikation gegeben, und noch mal: Ich habe es ja sogar kennengelernt, denn alle Ärztinnen und Ärzte, die folgten, trafen immer den richtigen Ton bei mir. Und meine persönliche Geschichte ging (Stand heute) auch gut aus. Und trotzdem: Vergessen Sie nicht, falls Sie in dieser Branche arbeiten, dass Ihr Gesicht dem Betroffenen für immer in Erinnerung bleibt. Und Ihre Worte bleiben es auch. Für immer.
Ergänzen Sie Ihr »Was will ich?« also sehr gern auch noch um folgenden Wunsch: »Ich will meinem Patienten/meiner Patientin gut in Erinnerung bleiben.«

Die Kraft der Symbolik

Während wir seit vielen Seiten über die Kraft der Wörter reden, entscheiden sich die wirklich wichtigen Dinge oftmals aufgrund reiner Symbolik. Wir finden diese Art der Symbolik überall. Im Großen und im Kleinen.

Wenn Frauen im süddeutschen Raum ein Dirndl tragen, gibt die Position der Schleife ihren aktuellen Beziehungsstatus wieder. Dazu benötigt es keine Worte.

Ebenso ist das Tragen des Eherings ein Symbol der Treue und steht für »Ich bin gebunden«. (Wie ernst das genommen wird, steht auf einem anderen Blatt.)

Farben drücken oft mehr aus als tausend Worte. Traditionell steht die Braut im unschuldigen Weiß vor dem Altar, und den letzten Weg begleiten wir (zumindest traditionell) in Schwarz. Oder erinnern Sie sich beispielsweise an den Tod von Lady Diana im Jahre 1997?

Ganz England trauerte und war fassungslos über das Signal des Königshauses, erst an Tag fünf nach dem tödlichen Unfall die Fahnen des Buckingham Palace auf halbmast zu setzen. Die Queen riskierte dadurch gar ihr Ansehen in der Bevölkerung. Und das, ohne (bis dahin) ein einziges Wort über die Tragödie verloren zu haben.

Oder die verschobene EM 2020, die im Sommer 2021 stattfand und in der die UEFA es München untersagte, sein Stadion in Regenbogenfarben anzuleuchten. Als Symbol für Toleranz und sexuelle Freiheit. Plötzlich wurden Menschenrechte sogar beim Fußball zum Thema. Und das Verbot führte letztlich zu dem erfreulichen Ergebnis, dass sich kurz darauf die ganze Welt bunt zeigte.

Allerdings, und das ist immer wünschenswert, sollten meiner Meinung nach auf Symbole auch Taten folgen. Wie schön wäre es, wenn der Ehering tatsächlich für *gelebte* Treue stünde und die Regenbogenfahne nicht nur Offenheit *vorgaukelte*.

Was wir sofort verstehen: Symbolik ist natürlich auch ein wichtiges Mittel der Kommunikation, daher tun wir gut daran, uns dieser bewusst zu werden und sie für uns zu nutzen.
Wenn Sie zum Vorstellungsgespräch ein Shirt mit einem ausgestreckten Mittelfinger tragen, dann werden Sie relativ schnell die Macht der nonverbalen Kommunikation und Symbolik am eigenen Leib spüren.
Abgesehen davon, dass es größere Expertinnen der nonverbalen Kommunikation gibt als mich, habe ich das Thema in meiner *Schlagfertigkeitsqueen* bereits behandelt. Daher soll es an dieser Stelle wirklich nur angekratzt werden, um es zumindest erwähnt zu haben als verstärkendes Mittel unserer Kommunikation (und zum Teil auch alleiniges Mittel, etwas mitteilen zu wollen).

Fazit Teil 2 und 3:
Die Techniken in der Übersicht

Mitnehmen
Nichts überstülpen
Feedforward statt Feedback
Ziel über Gefühl
Zuhören
Applaus!
Verbindlichkeit
»Alles geschieht zu meinem Besten«-Brille auf!
»Es tut mir leid«
Respekt

Kleine Techniken:
Was für ein Gefühl?
Kommunikation auslagern
Lächeln
Reden ist Silber, Schweigen ist …
Der Notfallknopf: Wenn nichts mehr geht …
Ruhig mal emotional werden

SOS-Strategie: Panik vermeiden
Die Kraft der Symbolik

Ich habe Ihnen bis hierhin einen bunten Blumenstrauß an Techniken mitgebracht. Und auch hier gilt: Nichts ist in Stein gemeißelt oder dürfen/müssen Sie als »absolut« sehen. Es gibt bestimmt viele, viele mehr. Auch hier freue ich mich über Ihre Erfahrung: hallo@nicolestaudinger.de

Teil 4:
Aus der Praxis
und einige wichtige Abschweifungen
(ich kann einfach nicht anders!)

Wunderwaffen

Ich erzähle Ihnen jetzt von einem Ereignis, bei dem mir die Kombination aus gleich mehreren Basiselementen ganz wundervoll geglückt ist.

Ohne abzuschweifen, muss ich aber ein wenig ausholen: Ich habe noch viel Kontakt zu betroffenen Frauen. Zu brustkrebsbetroffenen Frauen. Und leider höre ich immer mal wieder von Ladys, die mit ihren Krankenkassen überfordert sind. Sie hören aus meinem Mund kein (oder kaum ein) Wort der Klage über unser Gesundheitssystem, aber es ist tatsächlich schon mehr als einmal vorgekommen, dass ich mich für betroffene Ladys eingesetzt habe, weil hier – aus meiner Perspektive – Ungerechtigkeiten zutage traten.

Lara (Name geändert) hat drei Kinder zwischen sechs Monaten und vier Jahren und metastasierten Brustkrebs. Mehr Beschreibung braucht es nicht, um sich den Horror dieser Familie auszumalen. Lara hat demzufolge viele Baustellen: Sie weiß, dass sie an dem Krebs sterben wird. Sie weiß nicht, wann das sein wird, aber sie möchte die verbleibende Zeit und die Tage ohne Schmerzen gern für sich, ihre Kinder und ihren Mann nutzen. Ein Wunsch, der alles andere als übertrieben ist.

Was Lara nicht möchte, ist, sich in der wertvollen restlichen Lebenszeit mit der Krankenkasse über eine Haushaltshilfe zu streiten.

Ich bot der Familie meine Hilfe an, so grundsätzlich, mit den Worten: »Wenn da etwas ist, von dem ihr glaubt, dass ich dabei helfen kann, reicht ein ›Piep‹.«

Und dieses Piep kam. Und es war wirklich leise und zaghaft.

»Nicole, die Krankenkasse sagt, mir steht keine Haushaltshilfe mehr zu, weil ich die im Rahmen meiner Erkrankung schon genutzt habe. Und wenn ich noch eine brauche, dann muss ich irgendein fünfundzwanzigseitiges Formular für die Rentenversicherung ausfüllen. Ich versteh das alles nicht ... Und ich schaffe das auch nicht.«

»Lara, ich übernehme das. Ich brauche nur den Kontakt zu deiner Sachbearbeiterin, und du schreibst dieser parallel eine Mail mit: ›Weil ich zu schwach bin, bevollmächtige ich Nicole Staudinger mit der weiteren Korrespondenz.‹«

(Liebe Leserinnen, ich schreibe das hier deswegen so explizit nieder, damit Sie es einfach mal schwarz auf weiß gelesen haben. Falls Sie auch mal in eine solche Situation kommen ... Sie haben das natürlich nicht von mir!)

Zwei Stunden später rief ich bei der Sachbearbeiterin an: »Liebe Frau Schmitz, schön, dass ich Sie erreiche, vielleicht hat Frau Lara K. Sie schon vorgewarnt, dass ich anrufe.«

»Nein, hat sie nicht, worum geht es denn?«

»Es geht um Ihre Versicherungsnehmerin Lara K. Ich weiß, Sie haben viele Fälle, aber ich bin mir ziemlich sicher, dass Ihnen eine sterbende dreifache Mama Anfang dreißig in Erinnerung ist.«

Die Sachbearbeiterin ist sehr freundlich, mein Tonfall ist es aber auch:

»Ja, aber ich darf Ihnen dazu gar keine Auskunft geben.«

»Die Vollmacht ist auf dem Weg, und ich weiß, dass Sie sich nicht äußern dürfen. Das müssen Sie auch gar nicht, Frau Schmitz, zuhören reicht schon. Ich gehe einfach davon aus, dass Sie Ihren Job ganz bewusst gewählt haben, weil Sie gern Menschen helfen wollen *(Menschenbild!)*. Und daher frage ich Sie ganz ehrlich und zynismusbefreit *(runter vom hohen Ross!)*: Haben Sie, *Sie* ganz persönlich, im Fall Lara K. alles getan, um es einer sterbenden Frau so leicht wie möglich zu machen?«

Schweigen.

»Ich weiß, das tut weh. Und ich weiß auch, dass Sie die Diagnose vielleicht noch gar nicht richtig gelesen haben. Lara stirbt. Daran können Sie und ich nichts mehr ändern. Und an den gängigen Gesetzen so ad hoc auch nicht. Aber Sie und ich wissen auch, dass Sie Kompetenzen haben. Und Lara will keinen Urlaub auf Haiti, sie kann in ihrem Status nur keinen fünfundzwanzigseitigen Antrag ausfüllen, aber gleichzeitig kann sie schlicht nicht mehr alles so sauber halten, wie sie es für ihre drei Kinder gern möchte. Also frage ich Sie noch mal: Wenn Lara gestorben ist, können Sie dann ruhigen Gewissens vor den Spiegel treten und sagen: Ich habe alles getan, was in meiner Macht stand?«

Eine Stunde später rief Frau Schmitz bei Lara an, entschuldigte sich in aller Form und gestand ihr natürlich eine Haushaltshilfe zu.

Weder ich, Frau Schmitz noch die Haushaltshilfe konnten Lara retten. Dieses unbegreifliche Schicksal haben wir nicht in der Hand.

»Jede macht das, was sie kann« aber schon.

Vor dem geschilderten Telefonat, das vielleicht zehn Minuten gedauert hat, habe ich mir im Vorhinein tatsächlich über zwei Dinge konkret Gedanken gemacht:

Welches Menschenbild habe ich von der Sachbearbeiterin?
- Sie ist eine nette Frau, die sich bewusst diesen Job ausgesucht hat, die ihn immer sehr verantwortungsvoll und gewissenhaft erledigt und dabei mitunter die Vorschriften sehr genau nimmt.

Was will ich wirklich?
- Dass Lara ihre Haushaltshilfe bekommt.

Bitte stellen Sie sich das Gespräch mit folgenden Antworten auf die beiden Fragen vor:

Welches Menschenbild habe ich von der Sachbearbeiterin?
- Sie ist eine typische Beamtin, die nicht von A bis Z denken kann und zu blöd ist, Diagnosen zu lesen. So wie die eben alle sind. Der erkläre ich jetzt mal die Welt!

Was will ich wirklich?
- Mich wichtigtun, mich in den Vordergrund stellen und allen zeigen, wie toll ich bin.

Harte Antworten, ich weiß, aber wenn wir ganz, ganz ehrlich zu uns selbst sind, führen wir bestimmt das eine oder andere Gespräch auf Basis dieser Parameter. Sonst hätten die Anwälte und die Gerichte dieser Welt nicht so viel zu tun.
Gehen Sie gern mal in sich und überlegen Sie, wie oft Sie mit diesen vorangestellten Fragen schwierige Gespräche in leichtere verwandeln könnten (oder es hätten tun können).
Denken Sie an meine Finanzamt-Eskapade. Wäre ich mir vor dem Telefonat darüber im Klaren gewesen, was ich wirklich gewollt hätte, hätte ich diesen Wunsch a) entweder noch mal überprüfen können und/oder b) einen ganz anderen Gesprächsverlauf entstehen lassen können.

Kommunikation mit Jugendlichen

Nicht immer ist gute Kommunikation zielführend.
Manchmal hilft auch einfach nur Gelassenheit.
Ich hörte in einem Podcast zufälligerweise einen Tipp zum Thema »Kommunikation mit Jugendlichen«:

Aus »Räum jetzt dein Zimmer auf!« könnte ein »Wenn dir der Film/das Buch/das Spiel heute Abend wichtig ist, dann wäre es gut, wenn du bis um 18 Uhr dein Zimmer aufgeräumt hast« werden.

Bisher habe ich mit meinen Jungs noch keine wirklichen pubertären Probleme, und die anderen lösen wir meist über Humor. Dennoch hatte ich Lust, das mal auszuprobieren. Ich dachte mir zwar schon, dass mein Schlagfertigkeitsking darauf garantiert mit »Nein, ist mir nicht wichtig« antworten würde, dennoch: Einen Versuch war es wert.

Ich sagte also schon mittags zu meinem Großen, 13:
»Schatz, wenn du heute Abend das EM-Spiel sehen willst, wäre es gut, wenn dein Zimmer bis 18 Uhr aufgeräumt ist.«
So gegen 17 Uhr: »Ich lasse das Spiel dann heute Abend ausfallen, Mama.«
»Okay, aber ich sag es, wie es ist: Du musst dein Zimmer trotzdem aufräumen.«
»Waaaaaaas? Waaaaarum?? Das ist voll unfair!«
»Eigentlich nicht. Denn es ist *dein* Zimmer. *Ich* finde es voll unfair, dass ich dich immer daran erinnern muss.«
»Aber du hast gesagt, nur wenn ich das Spiel sehen will.«
»Ja, es war ein netter Versuch von mir. Hat nicht geklappt. Daher jetzt so: Räum bitte auf.«

»Boah, Alter. Jetzt?«
»Kompromiss: Bis 19 Uhr, okay?«
Türen knallen. Ruhe am Ohr.
Erziehung kann ich.

Vom Notwendigen und dem kommunikativen Weg dorthin

Darf ich Sie mal ganz offen und ehrlich etwas fragen?
Fühlen Sie sich von Greta Thunbergs Kommunikation abgeholt?
Also, motiviert sie Sie?
Ungeachtet dessen, dass sie eine bemerkenswerte junge Frau ist, die Fakten klar und prägnant vorträgt.
So rein auf der emotionalen Ebene, meine ich: Fühlen Sie sich durch die Art und Weise ihrer Kommunikation abgeholt?

Meine Antwort lautet: Leider, leider, leider (!) nein.
Und das, obwohl ich weiß, dass sie mit vielem recht hat.
Und das, obwohl ich ja nun selbst zwei Jungs habe und mir unser Planet sehr am Herzen liegt.
Und das, obwohl ich weiß, dass höchstwahrscheinlich nur ein radikales und vor allem schnelles Umdenken diesen retten kann.
Da sind wir wieder bei dem Punkt: Wir wissen das alles, aber an der Umsetzung hapert es.
Ich für meinen kleinen Teil kann garantiert noch vieles an meinem Verhalten ändern. Und, glauben Sie mir, ich versuche jeden Tag mein Bestes.
Aber, und das gestehe ich hier öffentlich: Greta Thunberg motiviert mich nicht dazu.

Mein Nachbar auch nicht. Dieser hat auf seinem kleinen E-Auto einen Aufkleber mit »FCK SUV« kleben.
Und der Radfahrer in Köln-Ehrenfeld, der mir mein Auto erst bespuckt und danach mit der Faust auf die Motorhaube geschlagen hat mit den Worten »Du Umweltnazi«, nein, der inspiriert mich auch nicht.
Verstehen Sie mich nicht falsch, es ist weder die Aufgabe meines Nachbarn noch des Fahrradfahrers und noch viel weniger die von Greta, mich zu inspirieren. Und doch frage ich mich: **Was möchten diese Menschen wirklich?**
So *wirklich* wirklich?
Weil sie so viel Energie und Kraft und Überzeugung zu haben scheinen. Aber wofür eigentlich? Wollen sie mich und andere als »Umweltnazi« beschimpfen, anderen also ein schlechtes Gefühl vermitteln und sie öffentlich kritisieren? Wünschen sie sich ein Schild, das sie sich umhängen können und das sie zu einem besseren, sinnbehafteteren Menschen (als andere) mit einem Thema erklärt?
Oder wollen sie diesen Ort zu einem besseren machen? Ihr Herzthema in die Welt hinaustragen?
Ich glaube fest daran (weil ich auch fest daran glauben will), dass Letzteres ihre Antwort auf die Frage ist: »**Was will ich wirklich?**« Und das finde ich ganz, ganz großartig.
Ich muss nur sagen: Ich glaube, bei der Art der Kommunikation ist durchaus noch Luft nach oben. Und mir fehlt auch der Raum, in den ich meine Fragen stellen kann, ohne dass ich mir blöd vorkomme.
Wenn Greta, mein Nachbar und der Fahrradfahrer etwas weniger den erhobenen Zeigefinger und etwas mehr Herzlichkeit walten lassen würden, dann, glaube ich, würden wir das **Ziel** – was wir ja zweifelsohne erreichen müssen – schneller erreichen.

Jetzt kann man gerade in Bezug auf Greta Thunberg einwenden: Aber die hohen Tiere auf dem Klimagipfel, die verstehen eben nur diese Sprache. Und das stimmt! Womit wir wieder hier wären: Hole die Menschen mit der Sprache ab, die sie verstehen. So wie die Polonaise für die Jecken in der Kölnarena brauchen die Herren Politiker eben die alarmierende Sprache eines Mädchens, um dem Thema überhaupt Gehör zu schenken. Allerdings gilt das nicht für mich und sicherlich auch nicht für alle Menschen, die noch kein E-Auto oder überhaupt noch Auto fahren, um ganz willkürlich nur ein Beispiel herauszugreifen.

Das Projekt ist doch ein Gesamte-Menschheit-Projekt, und ich vermute darum, es braucht mehr. Und damit meine ich weder noch mehr »FCK SUV«-Aufkleber noch noch mehr spuckende Radfahrer.

Denn, lieber Nachbar und lieber Fahrradfahrer, wenn dein Engagement und dein Ziel echt sind, dann willst du mich ja gar nicht verhöhnen und an den Pranger stellen, sondern im besten Fall informieren und mich auch zu einer Umweltschützerin machen. Aber in deinen Signalen steckt weder Vertrauen noch Atmosphäre, und deinem Handeln liegt kein gutes Menschenbild zugrunde. Das braucht es meiner Meinung nach aber, um gern und ehrlich und aufrichtig zuzuhören, wie Sie durch dieses Buch längst wissen. Und genau dorthin wollen wir doch, damit etwas verändert werden kann, damit die Menschen, jeder einzelne, sich überhaupt verändern wollen und können. Und darum brauchen wir davon so viel, viel mehr. Oder wie sollen wir sonst alle gemeinsam an einem Strang ziehen und die Welt retten, bitte schön?

Ätschi ist teuer

Wie oft das Ätschi in Streitfällen eine Rolle spielt, sehen Sie, wenn Sie einen Blick in die Zeitung werfen. Ich glaube, dass in vielen Nachbarschaftsstreits das eigentliche »Was will ich wirklich?« gar nicht mehr nachvollzogen werden kann. Ebenso wenig wie in Scheidungsschlachten.
Meist geht diesen richterlichen Auseinandersetzungen voraus, dass eine Seite irgendwann in irgendeiner Art beleidigt oder verletzt wurde und sich eben »rächt« oder, was sich natürlich besser anhört, Fairness einfordert. »Wahrheiten« gibt es schon lange nicht mehr, nur noch Gefühle. Und diese formen dann die Worte.
Oder die Anwälte tun es. Und das ist ein teurer Spaß.

Als geschiedene Frau, die nach wie vor mit ihrem Ex-Mann und dem Vater ihrer Kinder in einem sehr guten Kontakt steht, kann ich Ihnen nur sagen:
Es geht auch anders!
Natürlich passiert das nicht einfach so. Aber vieles davon, was wir an »Arbeit« für unser gutes Verhältnis geleistet haben, dürfte Ihnen, meine Damen, mittlerweile bekannt vorkommen. Ein Ätschi war zumindest nicht dabei.
Wir beide haben von Anfang an gemeinsam **drei Ziele** für uns definiert:
- Die Anwälte bekommen das, was ihnen zusteht, aber mehr nicht. Das Geld, das wir zusätzlich ausgegeben hätten, um irgendwelche Unstimmigkeiten richterlich beizulegen, wollten wir schön vertrinken gehen.
- Der Fokus lag nie auf der »kaputten Ehe«, sondern immer, immer, immer auf der schönen Zeit und darauf, dass wir die zwei besten Jungs haben.

- Wir möchten auf den Schulabschlussfeiern weinend nebeneinander in der ersten Reihe sitzen.

Ich kann und will an dieser Stelle keinen Scheidungsratgeber schreiben, ich möchte Ihnen, falls Sie in einer ähnlichen Lage sind, nur Mut machen, dass alles möglich ist.
Ich glaube, ich kann auch für meinen Ex-Mann sprechen, wenn ich behaupte, dass wir beide nach wie vor wollen, dass der und die andere glücklich ist. Das wäre dann das vierte Ziel. Und wenn das so ist, dann geht man an jegliche Kommunikation auf der Basis von Liebe *(Menschenbild)* heran.

Dass ein Ätschi aber mehr als ein Auswischen sein, die finanziellen Reserven arg schröpfen und sogar Lebensinhalt sein kann, bekam ich in erster Reihe mit. In einer Wohngegend, in der ich mal lebte, war das nämlich Thema No. 1.
Und wenn Sie nichts ahnend und unbelastet aus der Stadt in so etwas hineinrauschen, niemanden kennen, sich einfach auf Ihr neues Heim freuen, dann kann das sehr belastend werden. Ich sah Nachbarn Kameras aufstellen, ich sah sie hinter Türen lauern, mit Zollstöcken Mauern abmessen, Ordnungsämter rufen. Wusste von Terminen beim Schiedsmann, bei Anwälten und vor Gericht. Ich sah Menschen mit Autos über Kinderspielzeuge fahren, damit »sie lernen, nicht alles rumliegen zu lassen«. Ich sah Nachbarn Feuerwerkskörper in den Flur werfen und Giftköder auslegen. Kurzum: Ich erlebte Menschen, die ihr »Was will ich wirklich?« vermutlich noch nie für sich beantwortet hatten. Stattdessen nahm der Streit in ihrem Leben eine so große Rolle ein, dass keine der Parteien noch ohne ihn konnte.
Ich bin keine Missionarin und will da auch niemandem zu nahe treten, aber mein Lebensglück ist das nicht. Ich zog

schlussendlich weg, weil mir meine Lebenszeit zu schade ist und weil mir mein Heim so heilig ist, dass ich an diesem Ort des Friedens niemanden rütteln lasse. Und, ja, in der letzten Konsequenz wird dann auch ein kleines Häuschen wieder verkauft. Da hängt mein Herz nicht dran.

Ich habe auch schon Erbschaftsstreitigkeiten mitbekommen, bei denen es nur noch darum ging, »Recht« zu haben und keinen Millimeter von seinem Standpunkt abzurücken.
Wenn Sie so weit sind, ist der Weg in eine normale (wir sprechen hier noch gar nicht von einer guten) Kommunikation sehr, sehr teuer. Sowohl, was das Finanzielle angeht, als auch, was die emotionalen Reserven betrifft.
Letztere, so meine Erfahrung, sind im Leben *wirklich* begrenzt. Und mir persönlich hochheilig.
Ich verkaufe lieber etwas und mache finanziellen Verlust, habe aber dann wieder ein Heim, in das ich gern zurückkehre, als dass ich mich mein Leben lang mit Menschen herumschlage, die ein anderes Menschenbild als das meinige haben.

Wenn Sie sich in einem Ätschi zu verlieren drohen, was ja vorkommen kann, dann wählen Sie den unbequemen Schritt der **Selbstreflexion.** Denn es gibt einen Ausbremser für den Ätschi-Hochschaukel-Prozess: **die eigene Zufriedenheit.** Wer mit sich und der Welt im Reinen ist, der muss in die Wunden der anderen kein Salz streuen.

Wenn Sie das für sich geklärt haben und das Problem beim unzufriedenen Gegenüber liegt, dann rate ich Ihnen:

Sie dürfen gehen
Und damit möchte ich Sie ermutigen: Sie müssen nichts aushalten.
Vielleicht hätten wir auf das Buchcover noch den Zusatz schreiben müssen: »Wie Sie mit allen Menschen reden können, außer mit …«
Wir können nicht alle mitnehmen.
Ich fürchte, für einige kommt leider jede Hilfe zu spät. Das hätten die Eltern vor langer Zeit übernehmen müssen.
Kommunikation ist nicht für alle Menschen ein hilfreiches Mittel. Es gibt auch solche, die wollen stänkern, schlagen und Kriege anzetteln.
Aber: Die lesen auch keine Bücher.
Im Gegensatz zu Ihnen. Sie lesen. Sogar jetzt gerade. Sie wollen Probleme über die Macht der Sprache lösen. Und damit sind Sie ja quasi schon am Ziel. Vermutlich ist es wie so oft im Leben: **Die, die wollen, die können und werden.**

Trotzdem: Als grenzenlose Optimistin bleibe ich dabei: Ja, ich bin davon überzeugt, dass Sie es so einfacher haben im Leben, nach dem Motto: Wenn wir nur das richtige Menschenbild haben, klappt das schon mit den anderen. Aber *natürlich* gibt es Menschen, die ich persönlich auch nicht in meinem Leben haben möchte.
Natürlich gibt es Idioten.
Und Idiotinnen.

Und was machen wir mit denen, die wir nicht mitnehmen können?
Das müssen Sie für sich definieren. Stellen Sie nur sicher, dass *Ihr* Menschenbild gut bleibt und Ihnen niemand schadet.
Ich für meinen Teil habe mich zu »Ignorieren, so gut es geht,

den Fokus auf die Guten legen und meine Jungs zu guten Männern erziehen« entschlossen.

Inkonsequent ist es, sich mit den Nachbarn bis aufs Blut zu fetzen, sich aber scheinheilig zu Festen einzuladen. Oder an der Schwägerin kein gutes Haar zu lassen, aber die Weihnachtsgeschenke freudig entgegenzunehmen.

So etwas kann ich nicht nachvollziehen. Entweder, ich nehme jemanden an, dann aber auch bitte loyal und voller Liebe, oder ich lasse es bleiben.

Blöde Menschen als Ausrede zu benutzen, nicht über sich hinauszuwachsen, ist Quatsch. »Weihnachten wäre ja so schön, wenn nur meine Schwiegermutter nicht wäre« ist ein Satz, den ich von Ihnen niiiie mehr hören will, wenn Sie dieses Buch fertig gelesen haben, meine Damen.

Dann *reden* Sie mit Ihrer Schwiegermutter!

Wie das geht, wissen Sie jetzt. Den Leitfaden haben Sie (auf Seite 134).

Einladung zum Traurigsein

»Na, alles gut?«

»Ja klar, muss!«

Oder auch: »Ja klar! Alles gut. Und bei euch?«

»Auch. Alles super!«

Gemessen an der Häufigkeit, in der diese Antworten fallen, muss es uns allen ja immer absolut mega gehen.

Viele Sprachen haben einen ähnlichen Gesprächseinstieg aufzuweisen.

Die Franzosen starten mit: »Comment tu-vas?«

Die Spanier mit: »Hola! Cómo estás?«

Und die Italiener lassen ein »Ciao, come stai?« erklingen.
Zugegeben: *Bien, merci, bien, gracias, und bene, grazie!* klingen etwas melodischer als unser »Alles gut!«. Der Inhalt aber ist derselbe.
Natürlich gibt es auch andere Gesprächseinstiege, aber die kommen mir oft so gewollt vor. Wenn mich ein wildfremder Mensch auf einer Businessveranstaltung mit »Wie war Ihr Tag bisher?« anspricht, dann bin ich immer geneigt, »Das geht Sie ja wohl mal gar nix an« zu antworten. Ist aber nur mein ganz persönlicher Geschmack.

Haben Sie je erlebt, dass jemand auf die Frage »Alles gut?« mit einem »Um ehrlich zu sein, nicht« geantwortet hat?
Und selbst wenn, was glauben Sie, wie das Gegenüber reagieren würde?
Sind wir darauf vorbereitet, wenn es jemandem nicht gut geht?
Wollen wir das überhaupt hören?

Das Setting: Wir stecken noch mitten in der Coronakrise. Das Beispiel passt aber auch ganz wunderbar in andere Abschnitte des Lebens, ohne weltweite Pandemie. In einem Onlineseminar rede ich vor vierzig Geschäftsfrauen. Allesamt toughe, gestandene, redegewandte Frauen, die ich größtenteils über die Kamera zugeschaltet sehe. Wir reden über das Thema »Glück«. Zum Einstieg gibt es von mir drei Impulse, und dann sind die Ladys dran, mir zu erzählen, was sie für sich an Glückstechniken erkannt haben. Die Stimmung ist gelassen, vertrauensvoll und durchweg optimistisch.
Bis zu diesem einen Moment:
»Wahnsinn, schaut mal, wie viele Techniken wir in dieser kurzen Zeit gefunden haben, Ladys! Hat noch eine von euch etwas, was sie uns erzählen will?«

»Ich«, meldet sich Sabine. »Es tut mir leid, aber ich finde mich in nichts von dem wieder, was hier besprochen wurde. Es ist ja toll, wie ihr alle aus euren Löchern rauskommt, ich hänge in meinem seit Wochen und sehe kein Licht am Horizont.« Dann fängt sie ganz herzzerreißend zu weinen an.
Im Call ist es mucksmäuschenstill.
»Ich habe das Gefühl, ich vereinsame. Ich vermisse das alles. Meinen Job (sie ist Künstlerin), meine Freunde und das Gefühl, gebraucht zu werden. Es tut mir so leid. Aber ihr seid alle so stark, und ich habe das Gefühl, in einer Blase zu leben, in der ich nach außen so tue, als sei alles super. Dabei ist *nichts* super.«
»Ich kenne das so gut, Sabine«, meldet sich da die erste Lady. »Und wenn man sich dann mal öffnet, werden so Dinge gesagt wie ›Aber guck doch, wie gut es dir geht‹.«
»Genau, oder die Menschen erzählen dann ihre eigene Geschichte.«
»Das kenne ich auch. Als meine Tochter schwer krank war, hat mir erst mal jede erzählt, wen sie kennt, der auch schwer krank ist. Als ob das hilft.«

»Was hilft denn?«, frage ich.
»Es wird mir immer als Schwäche ausgelegt, wenn ich mal traurig bin.«
»Das hilft bestimmt nicht«, antworte ich.
»Nein.«
»Ich frage euch alle: Was hilft? Was braucht ihr an Taten oder Kommunikation in solch einem Moment?«
»'ne gute Freundin, die zuhört.«
»Keine schlauen Lebensweisheiten.«
»Und keinen ›Krone richten‹-Spruch.«
»Ich hasse Sätze mit: ›Du musst mal dieses oder jenes …‹«

»Na dann, bitte! Hier ist ja eine von euch, der es nicht gut geht …«, lade ich die Damen ein, genau diese Erkenntnisse auf Sabines Situation anzuwenden.

Diese darf einfach ihr Herz ausschütten.
Es wird nicht gewertet, nicht diskutiert und lamentiert.
Denn Sabine weiß ja selbst um die wichtigsten Dinge.
Sie weiß, dass es ihr im Prinzip gut geht und es Menschen gibt, denen es weitaus schlechter geht in der Coronakrise. Genau deswegen sitzt sie ja in diesem Loch:
»Ich frage mich manchmal, mit welchem Recht ich hier unten überhaupt sitze.«

Wir alle sitzen mit gutem Recht ab und an in diesem Loch. Auch wenn wir scheinbar keinen »Grund« dafür haben. (Obwohl die allgemein belastende Gesamtsituation von Corona ja schon Grund genug ist.)

Bei Sabine gelang es uns tatsächlich, sie aus dem Loch zu befreien. Und zwar allein dadurch, dass sie es einmal ungehindert und ungenierlich aussprechen durfte. Manchmal reicht es nämlich, die Dinge einfach mal laut zu sagen.
Wie oft haben Sie bei sich selbst schon das Phänomen erlebt, dass Sie »Das musste jetzt einfach mal raus« laut ausgesprochen haben?
Das Aussprechen an sich ändert die Situation natürlich nicht. Aber unsere Gefühlslage. Und genau das konnten wir auch bei Sabine live miterleben: Ihre Tränen trockneten und machten Platz für ein Lächeln, das schon gar nicht mehr verzweifelt aussah.
Wir konnten Sabine kurzfristig helfen. Besser gesagt, Sabine hat sich, durch ihre Ehrlichkeit, vor allem *selbst* geholfen.

Nehmen Sie diesen kleinen Kommunikationsbaustein und bauen Sie ihn in noch größeren, existenzielleren Lebenssituationen ein, in denen wir es vielleicht zukünftig schaffen, eine gute, hilfreiche Gesprächspartnerin zu sein.
Vielleicht haben Sie dieses tiefe Loch selbst schon mal erlebt. Oder sich dabei ertappt, dass Sie sich hilflos fühlen, wenn Menschen in Ihrem Umfeld etwas Schlimmes passiert. Da kommt eine unerwartete Diagnose, der plötzliche Tod eines Familienmitglieds oder auch eine Kündigung. Dinge, die einen Betroffenen leicht bis schwer erschüttern. Dinge, bei denen man erst mal nicht mehr handeln kann, weil sie einfach nicht mehr in unserer Hand liegen. Dinge, die es nur noch auszuhalten gilt.

Trösten
Bitte machen Sie sich davon frei, dass Ihr Gegenüber irgendetwas von Ihnen erwartet. Der Ball liegt gar nicht bei Ihnen, und streng genommen geht es ja auch gar nicht um Sie.
Wenn Sie die berühmte Frage »Ach, du Arme, wie geht's dir denn?« aussprechen, dann machen Sie sich bewusst, dass das eine Einladung zum Traurigsein ist. Eine wunderschöne Einladung. Leider wird sie von vielen Menschen nicht wahr gemacht. Denn wenn das Gegenüber traurig ist, verlieren wir uns nur allzu oft in Floskeln. Wir möchten alles tun, um jemanden wieder aufzumuntern. Ich glaube jedoch nicht, dass das zielführend ist.
Wenn Sie eine Einladung zum Traurigsein aussprechen, laufen Sie also nicht weg, wenn sie angenommen wird. Sorgen Sie für Vertrauen (Seite 31) und hören Sie zu (Seite 64).
Mehr Aufgaben haben Sie nicht.
Sie müssen die Situation nicht bewerten und Ihr Gegenüber auch nicht coachen.

Wahrscheinlich ist klar geworden, dass die Frage »Wie geht's dir?« schnell floskelhaft rüberkommen kann. Oft traut sich das Gegenüber dann gar nicht, ehrlich zu antworten, weil die Erfahrung gezeigt hat, dass der Fragende ohnehin nur ein »Gut!« hören will und alles andere ihn überfordert.
Wenn Sie unsicher sind, was geeignete Fragen zur »Einladung zum Traurigsein« sein könnten, hier ein paar Tipps für alle unter Ihnen, die wirklich und aufrichtig an ihrem Gegenüber interessiert sind:

Einstieg: Hast du heute einen hellen oder dunklen Tag?/Ist heute ein guter oder schlechter Tag? Diese Frage kann übrigens auch dazu führen, dass Ihr Gegenüber sich erstmals Gedanken über seinen Gemütszustand macht und vielleicht sogar feststellt, dass der Tag bis hierhin gar nicht so schlecht war, wie er es unterschwellig empfunden hat.

Bitte achten Sie (immer!) auf Ihren **Tonfall.**
Sie wollen nicht coachen oder belehren. Schaffen Sie mit Ihrem Tonfall Vertrauen und wirken Sie gleichzeitig nicht zu arg betroffen. Klingt Ihnen zu kompliziert? Ist es nicht! Sie sind Frauen, Sie können das.

Danach ist Ihre einzige Aufgabe, zuzuhören. **Aufrichtig zuzuhören:**
»Ich möchte nicht indiskret sein, aber darf ich dich fragen, wie du die Zeit gerade erlebst und empfindest?/Wie du zurechtkommst?«
Bringen Sie **aufrichtiges Interesse** mit. Und natürlich: Hören Sie wieder zu.

Achtung: Auch Menschen, die gerade in einer schwierigen Lebensphase stecken, haben gute Tage. Sollte Ihr Gegenüber also auf die Frage »Hast du heute einen guten oder schlechten Tag?« »Einen guten!« antworten, dann freuen Sie sich mit ihm. Interpretieren und deuten Sie nicht, nach dem Motto: »Die traut sich jetzt nur nicht, offen zu sein«, und legen Sie auch nicht mit einem »Wirklich?« nach. Um es plump auszudrücken: Nur weil Sie jetzt wissen, wie man tröstet, muss nicht immer Tröstbedarf da sein. Und abgesehen davon hat man als Betroffener auch nicht immer Lust, just in diesem Moment darüber zu reden.
Mir geht es mehr darum, dass wir uns nicht von Menschen abwenden, nur weil es uns an den richtigen Wörtern fehlt.

Und dann? Was passiert dann?
Im besten Fall können Sie Ihrem Gegenüber ein offenes Ohr schenken. So wie uns das online mit Sabine geglückt ist. Sie werden ohne Zweifel merken, ob Ihr Gegenüber gerade reden möchte oder nicht. Wenn Sie das Gefühl haben, es fehlt noch an Vertrauen, jemand »traut dem Braten«, dass er in Ihnen wirklich einen nur zuhörenden Gesprächspartner gefunden hat, der nicht mit Floskeln um sich wirft, noch nicht ganz, dann dürfen Sie gern noch unterstützen:

- Du bist mir wichtig, und ich möchte wirklich wissen, wie es dir geht.
- Bitte hab keine Angst, ich möchte dir keine Ratschläge geben.

Wenn Ihr Gegenüber den Eindruck erweckt, dass es Hilfe in anderer Form braucht, dann überinterpretieren Sie nicht. Haken Sie nach mit: »Wenn ich noch mehr tun kann als zuhören, reicht ein Piep.«
Vielleicht kommt dann von ganz allein: »Sag mal, du kennst doch die XY, wie hat sie das denn geschafft?«

Dann kommt der erste Schritt von Ihrem Gegenüber, und Sie haben einen echten »Auftrag« zum Handeln oder Ratschlaggeben.

Wie es nach dem Gespräch für *Sie* weitergeht, liegt ganz bei Ihnen. Ob Sie (weiter) Ihre Hilfe anbieten oder nicht, ist ganz Ihnen überlassen. Aber wenn Sie es tun, dann tun Sie es bitte nur, wenn Sie sich damit a) nicht nur profilieren wollen und b) es Ihnen im Nachgang nicht zu viel wird.
Sie dürfen ein Gespräch wie oben auch einfach so beenden. Es muss nicht immer ein »Wenn was ist, meld dich!« oder ein »Ich bin da, wenn du Hilfe brauchst« hinterherkommen.
Leider sind diese Sätze übrigens auch oftmals lediglich Floskeln, die streng genommen eine Flucht aus dem Moment beschreiben: *Ich bin aus dem Schneider. Ich habe zugehört und Hilfe* angeboten, *das reicht als gute Tat (und hoffentlich wird meine Hilfe nicht wirklich benötigt).* Wenn Sie Hilfe aber nur aus dem Grund anbieten, damit *Sie* ein gutes Gefühl haben, beenden Sie das Gespräch bitte lieber, ohne Hilfe anzubieten. Das mag sich hart anhören, und vielleicht sind Sie sogar darüber empört, aber seien Sie ehrlich zu sich selbst: Wie schnell ist so etwas ausgesprochen, und bei diesem Angebot bleibt es dann auch?
Ich weiß, dass ganz viele Menschen es garantiert auch so meinen, wenn sie ihre Hilfe anbieten, weil die allermeisten wirklich gern helfen wollen. Ich weiß aber leider aus eigener Erfahrung auch, dass sich Menschen in Not – insbesondere Frauen – oftmals sehr schwer damit tun, Hilfe abzurufen. Eben genau aus dem Grund, weil sie unsicher sind, ob das Angebot als Floskel oder ernst gemeint war. Darum: Wenn Sie ernsthaft vorhaben, zu helfen, dann werden Sie gern proaktiv. Überlegen Sie, wenn es Ihnen nicht sowieso gesagt worden ist, was hilfreich sein kann für die Person in ihrer ganz individuellen Situa-

tion. Ist sie stark erkältet? Dann hilft vielleicht eine selbst gekochte Hühnersuppe. Zieht sie um? Dann helfen Sie beim Einpacken, Tragen und/oder Einräumen, je nachdem was Sie sich kräftetechnisch zutrauen. Ist sie alleinerziehend und braucht Unterstützung bei der Kinderbetreuung? Dann machen Sie einen Tag in der Woche aus (oder alle zwei Wochen), an dem Sie zuverlässig und regelmäßig das Kind von der Schule/der Kita abholen und ein paar Stunden mit ihm verbringen. Und, und, und …

Sollte Ihnen das alles zu konstruiert vorkommen oder zu distanziert in Bezug auf eine gute Freundin, dann dürfen Sie Ihre eigene Unsicherheit auch einmal aussprechen:
»Ich bin zutiefst traurig über das, was passiert ist. Und wenn ich ehrlich sein darf, auch unglaublich unsicher, was genau du brauchst. Vielleicht weißt du das gerade selbst noch nicht. Daher möchte ich dir gern ad hoc mein Ohr und meine Schulter anbieten.«

Es gibt keine allgemeine Gebrauchsanweisung für diese Art von Gespräch, wenn es jemandem schlecht geht.
Es gibt aus meiner Sicht nur eines, was es unbedingt zu vermeiden gilt, und das ist: sich abwenden.
Wenn Sie folgende Punkte aber für sich verinnerlichen, dann, bin ich mir sicher, werden Sie in Zukunft leichter auf Menschen in schwierigen Lebensphasen zugehen können:
- Vermeiden Sie »Wie geht's«-Floskeln, wenn Sie als Antwort nur »Gut« erwarten.
- Wenn Sie die Einladung zum Traurigsein aussprechen, müssen Sie auch damit rechnen, dass sie angenommen wird (Alternative: Wenn Sie keine Zeit haben, dann sprechen Sie sie nicht aus).

- Sorgen Sie für Vertrauen.
- Zeigen Sie aufrichtiges Interesse statt Heuchelei.
- Hören Sie zu.
- Bewerten Sie nicht.
- Sie sind keine Expertin – geben Sie keine Ratschläge, erst recht keine medizinischen.
- Vergleichen Sie nicht mit anderen Schicksalen.
- Bieten Sie nur Hilfe an, wenn Sie sie auch geben können und wollen.

Aus eigener Erfahrung:
Weil ich so oft von Angehörigen oder Freundinnen gefragt werde, was mir während der Therapie am meisten geholfen hat, hier noch meine rein subjektiven Top Three:
- Wenn Freundinnen keine Angst vor meinen Tränen hatten.
- Wenn man mich nicht nur wieder »fröhlich« machen wollte, sondern der Angst und Trauer Raum gegeben hat.
- Auf »Wenn was ist, meld dich!« habe ich nie reagiert. Wenn aber eine Freundin vor der Tür stand mit etwas Gekochtem für die Familie, hatte ich Tränen in den Augen vor Rührung.

Ein Satz, der bei mir maßgeblich zum Wohlbefinden beitrug, war (ganz persönlich!):
»Was für eine riesengroße Kacke! Aber wenn das eine schafft, dann du!« (Tatsachen nennen und Mut machen.)

Weniger hilfreiche Sätze waren hingegen:
»Ojeeee …«
»Ich kannte auch eine, die hatte Krebs, aber die ist jetzt tot.«
»Die Glatze steht dir soooo gut!«
»Du siehst gar nicht krank aus.«
»Ich hatte auch mal Krebs, war aber Gott sei Dank gutartig.«

Und Sätze, nach denen ich jeglichen Kontakt abgebrochen habe:
»Schulmedizin schön und gut, aber was tust du eigentlich dafür, um wieder gesund zu werden?«
»Du machst immer noch Chemo? Da warst du aber krass befallen.«
»Brustkrebs mit 32? Ich wusste gar nicht, dass du so ungesund gelebt hast.«

Ich weiß nicht, was ich sagen soll, fühlen wir und sprechen es vielleicht auch aus. Wir sind mit betroffen und befangen, würden gern etwas Tröstliches sagen, schaffen es aber nicht.
Nur zu häufig passiert dann eben, dass wir mit »positiven Beispielen« punkten wollen: »Ich kenne jemanden, der hatte das auch ...«, oder: »Guck mal, die hat das ja auch gut hinbekommen!« Gehen Sie bitte immer davon aus, dass Ihr Gegenüber meist keine Wissenslücke hat. Der- oder diejenige wird über ihr individuelles Problem bereits alles wissen, was es an Fakten zu wissen gibt, und schon einiges probiert haben.
Es reicht völlig, wenn Sie eine gute Freundin sind.

Akuthilfe für »Die schlimmste Woche meines Lebens«

Ich telefoniere mit einem wirklich guten Freund. Ein selbstständiger Unternehmer, ähnliche Branche, zu Zeiten der Coronakrise.
»Ich glaube wirklich, Nicole, dass das die schlimmste Woche meines Lebens war.«
Die eh schon magere Auftragslage wurde mit drei zusätzlichen Stornos auf die Spitze getrieben. Die frisch gegründete Firma

stand kurz vor dem Aus, und seine langjährige Partnerin trennte sich von jetzt auf gleich von ihm, kurz vor der geplanten Hochzeit.
Jetzt kenne ich ihn *wirklich* gut und hörte an seiner Stimme, dass er mehr als fertig war.
Was kann man als Zuhörerin machen? Also, außer zuhören eben?

Zunächst einmal: Das ist *seine* Wahrnehmung. Seine Wahrheit. Sein Leben. Und das gilt es erst mal zu akzeptieren und wertfrei anzunehmen.
Der Satz »Es könnte schlimmer sein. Du bist doch gesund« mag stimmen, aber er hilft garantiert nicht. Für meinen Freund *war* es richtig schlimm.
Mein Freund war in einem Loch.
Von oben in dieses Loch reingucken und im Klugscheißermodus runterrufen: »Ey, stell dich nicht so an! Du musst einfach nur wieder rauskrabbeln«, ist ähnlich fies wie: »Ich kannte mal einen, der war auch in so 'nem Loch. Gut, der ist jetzt tot, aber kurz davor hat der noch schnell ein bisschen Yoga gemacht, was wohl geholfen hat. Du *musst* Yoooooga machen!«
Ich wiederhole mich ungern, aber: Auch Ratschläge sind Schläge.
Also halten wir fest: Bewerten und Ratschläge verteilen kommt nicht so gut.

Was *mir* in sehr schweren Lebensphasen immer gutgetan hat, war, wenn meine Freunde erst mal zu mir in das Loch runterkamen. Die haben sich einfach zu mir gesetzt, mich in den Arm genommen und mich getröstet.
Nichts anderes versuchte ich also am Telefon.
»Was für eine große Kacke!«, mit dieser hochpsychologischen

Feststellung nahm ich neben ihm im Loch Platz und guckte mir die Sachlage aus seiner Perspektive an.

So, und dann kommen wir der Sache ein bisschen näher: Denn vier Augen sehen bekanntlich mehr als zwei.
Nach einer großen Runde des Jammerns habe ich versucht, ihn daran zu erinnern, was er schon alles hinbekommen hat. Das ist der große Vorteil am Älterwerden: Wir können auf die ein oder andere Erfahrung zurückgreifen. Und die im Leben bereits erlernten Fähigkeiten, die meinem Freund damals schon geholfen haben, die waren alle noch da, selbst in der schlimmsten Woche seines Lebens. Er konnte sie nur im Moment nicht sehen.

Lassen Sie uns solche Freunde sein, die den anderen das Licht halten.

Eine Woche später telefonierten wir wieder, und er war raus aus seinem Loch.
Auf die Frage, was ihm geholfen habe, antwortete er:
»Menschen, die mich an meine eigenen Fähigkeiten erinnert haben, für die ich selbst blind war.«

Epilog

Wenn Sie die Welt ein Stück besser machen wollen

So, meine lieben Ladys, jetzt sind Sie im besten Fall also nicht mehr nur schlagfertig, sondern auch ein Kommunikations-Ass. Sie haben jetzt den »Leitfaden für schwierige Gespräche« und hoffentlich dazu noch die ein oder andere Technik im Gepäck, wie Sie kommunikativ Probleme lösen können.
Manchmal, vielleicht auch in diesem Buch, macht es aber den Eindruck, dass gute Kommunikation erst dann zum Einsatz kommt, wenn das Kind schon in den Brunnen gefallen ist.
Sie können aber auch *jeden Tag*, mit Ihren Mitteln, diese Welt zu einer besseren machen!

»Das ist in der Gesellschaft nicht anerkannt«, »Die Gesellschaft hätte das gern so und so« oder »Wir leben in einer Leistungsgesellschaft« sind Sätze, die mir in den letzten Monaten verstärkt begegnet sind. Vielleicht durch eine geschärfte Wahrnehmung, vielleicht aber auch, weil alle sie ständig und überall benutzen. Und manchmal kommt es mir wie eine Ausrede vor, die die Menschen gebrauchen: »Wenn die Gesellschaft mich anerkennen würde, ja, dann würde ich ein Superleben führen.«
Wenn ich ganz ehrlich zu Ihnen sein darf: Ich kann mit diesen »Floskeln« so rein gar nichts anfangen.
Welche Gesellschaft?
Wer ist das denn?
Warum muss/will/soll ich von wildfremden Menschen anerkannt werden?

Wir sind es doch, die diese Gesellschaft bilden.
Im Großen wie im Kleinen.
Ich, Sie, wir sind ein (wichtiger) Teil davon.
Und demzufolge können Sie sie mitgestalten.
Jeden Tag aufs Neue.
Jeden Tag ein bisschen.
Durch Ihre Worte.
Ihr Menschenbild.
Ihre Sichtweise auf die Welt.
Wenn Sie morgens dankbar aufstehen, und zwar allein aus dem Grund, weil Sie aufstehen können, dann wird für Sie ad hoc alles zum Wunder. Seien Sie jeden Tag verliebt ins Leben. Und zwar frisch verliebt.
Und wenn Sie das fühlen, dann ändert sich auch Ihre Sprache, Ihre Ausstrahlung, alles!

Der Gang in den Supermarkt ist dann kein notwendiges Übel mehr, sondern ein schöner Spaziergang. Dann wird die Kassiererin zur Heldin, die Frau an der Tankstelle zu Wonder Woman und die Erzieherin zum größten Geschenk auf diesem Planeten.
Und das brauchen Sie jetzt nur noch auszusprechen.
»Boah, wie schleimig!«, sagen Sie jetzt.
Nix da.
Sie machen diese Welt mit einem einfachen

Danke.
Bitte.
Toll, dass Sie das machen.
Vielen Dank für alles.
Das war schön mit Ihnen ...

zu einem besseren Ort.

Tun und sagen Sie das aus vollem Herzen, nicht weil es hier steht.
Denn was passiert? Die Kassiererin oder wer auch immer geht nach Hause und wird daheim gefragt: »Wie war dein Tag?« Und statt »Mich machen diese unverschämten, unfreundlichen Menschen fertig!« ertönt: »Ich hatte heute eine so nette Kundin, das glaubst du gar nicht!«

Meine Damen, wir, die Netten, wir müssen uns zusammentun. Denn die Idioten gibt es, wissen wir, aber wir sind mehr. Davon rücke ich nicht ab.
Lassen Sie uns gemeinsam, durch die Kraft der Kommunikation, diese Welt zu einer schöneren machen.

Ihre extrem kitschige
Nicole Staudinger

Und natürlich ...

… kommt zum Schluss auch wie immer mein DANKE, liebe Leserinnen. Auch wenn wir uns coronabedingt schon viel zu lange nicht mehr live gesehen haben.
Selbiges gilt für die Buchhändlerinnen: Auch wir wissen fast nicht mehr, wie die jeweils andere aussieht. Auf dass sich das irgendwann wieder normalisieren wird!
Und bis dahin gilt auch Ihnen, wie immer, mein aufrichtiger DANK.
Es ist mein Buch No. 7, das Sie in der Hand halten, und es ist wieder ein Buch ohne Ursprungskonzept. Ich glaube, daran hat sich mein wundervoller Verlag Droemer Knaur, mit Frau Dr. Janhsen an der Spitze, langsam gewöhnt.

Was in der zweiten Chemotherapie gestartet ist, ist für mich zum nicht mehr wegdenkbaren Werkzeug geworden: das Schreiben.
Und dass Sie es dann auch noch lesen, gleicht einem Wunder.

Neben dem Leben und dem Schicksal und dem Universum danke ich explizit:
Angela und Julia für das An-meiner-Seite-Sein.
Meinem Agenten und seinem Team fürs Mich-Aushalten.
Meinem Verlag für Selbiges.
All den wundervollen Menschen an meiner Seite, sei es beruflich wie privat:
Lisa, Nicole, noch 'ne Nicole, Carola, Mimi, Tanja, Morphy, Nina, Nadine, Judith, Melanie, Dagmar, Christine, Katrin, Tomma, Jana, Manu, Sally, Gaby, Frauke, Gery, Julia.
Und auch den Jungs:
Otto, Peter, Christian, Kai, Thomas und Micha.
All meinen Ärzten und Ärztinnen, Pfleger/-innen, allen!

Meiner wundervollen Mama für einfach alles.
Meinen Jungs, dass ich ihre Mama sein darf.
Meinem Patchwork-Mädchen, dass ich jetzt auch ein bisschen Mädchen-Mama sein darf.
Und dem Mann an meiner Seite, der mich trägt und erträgt.

Bleiben Sie gesund,
Ihre Nicole

Anhang

Mögliche Lösungen für unsere Übungen
»Ziel über Gefühl«

Das Setting: Urlaub/Hotel/Liegen am Pool: Mit einem Handtuch zu reservieren ist verboten, wird aber trotzdem gemacht. Sie packen sie beiseite, da stürmt eine ältere Dame auf Sie zu: »Entschuldigung, das sind unsere Handtücher! Wir hatten reserviert!«

Was **fühlen** Sie?
Ich fühle mich völlig im Recht, Reservieren ist nicht.

Was für ein **Ziel** haben Sie?
Die Liegen gehören für heute uns.

Wie **reagieren** Sie?
»Da täuschen Sie sich.«

Hier gibt es unendlich viele Möglichkeiten, wie Sie reagieren könnten.
Sie können es auch witzig-schlagfertig machen:
»Dürfte ich Ihre Reservierungsbestätigung sehen?«

Wenn die Dame ganz besonders nett sein sollte, wovon in dem beschriebenen Beispiel leider nicht auszugehen ist, könnten Sie auch freundlich sagen:
»Sie haben das Schild bestimmt noch nicht gesehen: Das Re-

servieren der Liegen mit Handtüchern ist nicht gestattet. Morgen erwischen Sie bestimmt welche.«

Das Setting: Sie beauftragen einen Caterer/Man einigt sich auf einen Preis/Die Rechnung fällt nachher höher aus als abgesprochen.
»Sie hatten ja noch einige Extrawünsche«, rechtfertigt sich der Caterer.

Was **fühlen** Sie?
Ich fühle mich übervorteilt und nicht richtig informiert. Das waren aus meiner Sicht keine Extrawünsche.

Was für ein **Ziel** haben Sie?
Ich möchte den Preisaufschlag nicht bezahlen.

Wie **reagieren** Sie?
»*Abgesehen davon, dass Sie mich hätten informieren müssen, wenn Sie dies und das als Extrawunsch sehen, gehen unsere Vorstellungen von Extrawünschen offenbar weit auseinander. Ihr Catering war toll, und ich werde die Rechnung umgehend begleichen, so, wie es zuvor vereinbart war.*«

Das Setting: Sie sind selbstständige Grafikdesignerin/Ein Neukunde beauftragt Sie mit den Worten »Mehr Budget haben wir nicht«, Sie gehen darauf ein/Zwei Tage später erfahren Sie von einem männlichen Kollegen, dass auch er beauftragt worden ist, man seine höhere Honorarvorstellung aber akzeptiert hat.

Was **fühlen** Sie?
Ich habe zu früh eingelenkt. So ein Mist!

Was für ein **Ziel** haben Sie?
Ich fürchte, bei dem Kunden ist der Zug abgefahren, aber das passiert mir nicht noch mal.

Wie **reagieren** Sie?
Ich äußere mich dazu gar nicht und steige bei zukünftigen Verhandlungen selbstsicherer ein.

Anmerkung am Rande: Liebe Damen, sollten Sie in Verhandlungen mal gefragt werden: »Was kann man da noch am Preis machen?«, so ist ab jetzt Ihre Antwort: »Teurer geht immer.«

Das Setting: Ihre Freundin sagt eine Verabredung mit Ihnen sehr kurzfristig ab mit der Begründung, sie müsse zum Elternabend/Tags drauf erfahren Sie durch Zufall, dass sie mit einer anderen Freundin essen war.

Wie **fühlen** Sie sich?
Traurig und enttäuscht und ein bisschen betrogen.

Was für ein **Ziel** haben Sie?
Ich möchte wissen, warum sie das gemacht hat, und ich möchte nicht mehr angelogen werden.

Wie **reagieren** Sie?
Ich kläre das persönlich und nicht am Telefon, in angenehmer Atmosphäre.
»Liebe Sabine, ich möchte gern etwas ansprechen, was mich sehr

traurig gemacht hat. Als du unsere Verabredung abgesagt hast, weil du zu einem Elternabend musstest, da erfuhr ich zufällig von Monika, dass du mit Julia essen warst. Magst du mir sagen, warum du mich beschummelt hast?«

Versuchen Sie, noch so emotionsfrei zu bleiben, wie es geht. Horchen Sie zunächst auf das Warum und machen Sie noch keine Grundsatzverurteilung wie »Du hast mich schon so oft angeschummelt« daraus. Vielleicht steckt ein ganz banaler oder sogar ganz schöner Grund dahinter. Möglicherweise planen die zwei eine Überraschung für Sie, vielleicht sind sie auch nach dem Elternabend spontan essen gegangen, oder, oder, oder …

Auf einen Blick

Die Grundierung
- Vertrauen
- Die richtige Atmosphäre
- Der richtige Tonfall
- Runter vom hohen Ross
- Unser Menschenbild
- Zuhören
- Ziele setzen – Was will ich wirklich?

Die Techniken
- Mitnehmen
- Nichts überstülpen
- Feedforward statt Feedback
- Ziel über Gefühl
- Zuhören
- Applaus!
- Verbindlichkeit
- »Alles geschieht zu meinem Besten«-Brille auf!
- »Es tut mir leid«
- Respekt

Kleine Techniken
- Was für ein Gefühl?
- Kommunikation auslagern
- Lächeln
- Reden ist Silber, Schweigen ist …
- Der Notfallknopf: Wenn nichts mehr geht …
- Ruhig mal emotional werden